KB212445

화
신
불

화신불

초판1쇄 인쇄 2017년 12월 4일
초판1쇄 발행 2017년 12월 11일

지은이 | 남지심
펴낸이 | 남배현

기획 | 모지희
책임편집 | 박석동

펴낸곳 | 모과나무
등록 2006년 12월 18일 (제300-2009-166호)
주소 | 서울시 종로구 종로19, A동 1501호
전화 | 02-725-7011
전송 | 02-732-7019
전자우편 | mogwabooks@hanmail.net

디자인 | 동경작업실

ISBN 979-11-87280-19-4 (03220)
이 도서의 국립중앙도서관 출판예정도서목록(CIP)은
서지정보유통지원시스템 홈페이지(http://seoji.nl.go.kr)와
국가자료공동목록시스템(http://www.nl.go.kr/kolisnet)에서
이용하실 수 있습니다.(CIP제어번호: CIP2017031941)

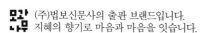
(주)법보신문사의 출판 브랜드입니다.
지혜의 향기로 마음과 마음을 잇습니다.

화신불

남지심 장편소설

모과
나무

자慈는 사랑이고
비悲는 연민이다

차례

1
약속,
아득한 기억

아름답고 맑고 깨끗한 눈을 지니신 이여
광대한 지혜의 눈을 지니신 이여
자비로운 눈을 지니신 이여
늘 우러러 볼 것입니다.
당신은 청정무구한 광명 뿜는
해와 같은 그 지혜로 모든 어둠 깨뜨리시고
풍재 화재 등 온갖 재난 조복하시어
이 세간 두루 밝게 비추십니다.
또 비悲를 본체로 하는 계戒를 우레 삼고
자慈를 묘한 구름 삼아
천상의 감로수 같은 법 비 내리셔서

번뇌의 불꽃 멸해 주십니다.
또 송사 다루는 관청이나
두려운 싸움터에 있을지라도
관음의 힘 생각하면
모든 적들 다 물러갑니다.

관세음의 묘한 음성은
범천왕의 음성과 같고
바다의 조수 소리와 같은 그 음성은
세간의 그 어떤 소리보다 훌륭합니다.
그러므로 언제나 관세음 생각하되
잠시라도 의심치 말아야 할 것입니다.
청정하신 성인 관세음께서는
갖가지 고뇌와 죽음의 재앙 속에서
믿고 의지할 바 되며
일체 공덕 갖추신 이요
자비로운 눈으로 중생을 보는 이며
한량없는 공덕 모여드는 바다이니
머리 숙여 예배합니다.

유향乳香이 가벼운 음률에 실어 '관세음보살'을 염송하고 있다. 일망무제로 탁 트인 바다, 바다가 반짝이는 물결을 일렁이며 심호흡을 한다. 관세음보살이 고요히 숨을 토해내고 계신 것 같은 절묘한 순간.

자비로운 눈으로 중생을 보는 이며
한량없는 공덕 모여드는 바다이니
머리 숙여 예배합니다.

유향이 두 손을 모아 합장하며 고요히 머리를 숙인다. 합장하고 있는 뺨의 옆선이 곱다. 그때 등 뒤에 서서 유심히 유향을 바라보고 있던 현표가 다가서며 말을 건넨다.

"실례합니다. 지금 낭송하신 내용은 무엇인가요?"

"……."

유향이 고개를 돌리며 현표를 바라본다. 그러던 유향의 시선이 미세하게 떨린다.

"아름답게 들려서요. 관세음보살을 친견할 것 같은 감동이 느껴져서 그럽니다."

현표가 미소를 짓는다. 미소를 짓고 있는 입술 속의 치아가 청결하게 느껴진다.

"무진의 보살이 관세음보살을 찬탄한 게송입니다."

"어디에 그런 게송이 있습니까?"

"보문품에요."

"보문품이라면 〈관세음보살보문품〉을 말씀하시는 건가요?"

"네."

"저도 〈관세음보살보문품〉은 수 차 읽었습니다만 그런 아름다운 게송은 처음 듣는 것 같은데요."

"한글로 번역하신 분이 아름답게 번역하신 것 같아요."

"언제 한번 그 게송을 다시 듣고 싶습니다. 어떻게 하면 낭송하시는 게송을 다시 들을 수 있습니까?"

"글쎄요. 내일 새벽 여기에 오시면 다시 들으시게 될 것 같긴 합니다만……."

"그건 어렵지 않습니다. 저도 여기서 당분간 있을 거니까 내일 새벽에 다시 나오겠습니다. 시간은 언제입니까?"

"예불 후에 옵니다."

"알겠습니다. 그럼 예불 후에 저도 여기로 오겠습니다."

"좀 바빠서요. 먼저 가겠습니다."

유향이 눈인사를 하고 몸을 돌린다.

일망무제로 탁 트인 바다. 현표는 시선을 바다 쪽으로 돌린다. 아침 해가 떠오르려는 듯 바다 한 끝이 붉어진다.

의상대사義湘大師도 지금 이 시간, 여기에 서 계신 적이 있으셨겠지. 그 생각을 하며 바다를 바라보고 있는 현표의 시선에 만감이 서린다. 의상대사는 어떤 마음으로 여기에 서 계셨을까? 경주에 있는 황복사에서 여기 의상대까지는 300km의 거리다. 험한 산길을 돌고 돌아 750리나 되는 먼 길을 걸어 올 수밖에 없었던 의상대사의 절박한 심정, 그것은 관세음보살을 친견하시고자 함이었다. 관세음보살을 친견하시고자 했던 의상대사의 심정을 떠올려 보던 현표의 눈시울이 붉어진다.

현표는 불그스름해진 눈으로 붉게 물든 바다 한 끝을 바라보다가 몸을 돌린다. 검은 구름이 하늘 자락에 깔려 있어 완전한 일출은 볼 수 없을 것 같았다. 의상대에서 내려 온 현표는 홍련암 쪽으로 걸음을 옮긴다. 전에는 흙길이었는데 이제는 마사토가 깔린 포장길이다. 그리고 전에는 조용히 생각에 잠기며 걸을 수 있는 오솔길이었는데 이제는 자동차 한 대가 다닐 수 있는 넓은 길이 됐다. 세상이 그만큼 바뀐 것이다. 세상이 바뀌었다면 관세음보살을 향한 찬탄도 귀의도 바뀌어야 하지 않을까? 현표는 이런 생각을 하며 홍련암으로 이어지는 언덕길을 내려가고 있었다.

* * *

"의상대사를 강의하실 강현표 교수를 소개하겠습니다. 강 교수는 동국대학교 경주캠퍼스에 계시면서 줄곧 의상대사를 연구해 오셨습니다. 의상대사는 한국을 대표하는 위대한 사상가이자 학승인데 오늘 우리가 의상대사를 공부하려는 것은 관세음보살을 좀 더 깊이 이해하고자 함입니다. 강 교수의 강의를 들으면서 우리 모두가 관세음보살에게로 한 발 더 가까이 다가 갈 수 있기를 바랍니다."

도융 스님이 강현표 교수를 소개했다. 정제된 조각처럼 이목구비의 윤곽이 또렷하다.

"강현표입니다. 어저께 방학을 하고 바로 여기로 왔습니다. 방학동안 낙산사에 머물면서 여러분들과 함께 의상 스님을 공부하려고 합니다. 시간을 내서 참여해 주신 한 분 한 분에게 감사드리며 유익한 시간이 될 수 있도록 최선을 다하겠습니다."

강현표 교수가 합장하며 좌중을 둘러봤다. 그러던 그는 유향과 눈이 마주치자 미소를 지으며 눈인사를 했다.

"함께 공부하려면 서로를 아는 것이 중요할 것 같은데 각자 본인 소개를 하시죠. 제 옆에 앉은 유향 선생님부터 하십시오."

도융 스님이 좌측에 앉은 유향을 돌아다보며 말했다.

"저는 캐나다에서 온 유향입니다. 부모님이 3일 동안 사전을 뒤져서 젖 유乳 자 향기 향香 자를 찾아서 이름을 지었다고 합니다. 어렸을 적에는 몰랐는데 나중에 커서 유 자가 젖 유 자인 것을 알고 몹시 속상했습니다. 그래서 이름을 바꿔달라고 졸랐지만 부모님이 들어주지 않으셔서 그냥 쓰고 있습니다. 젖 유 자 향기 향 자, 부모님이 뜻이 있어서 지어주셨을 테니 앞으로 이름 안에 담긴 뜻을 알아보도록 노력하려고 합니다. 캐나다에 있는 대학에서 조각을 전공했고 석사와 박사 과정은 한국에서 하고 있습니다. 캐나다에 있을 때부터 부모님의 영향을 받아 불교를 알게 됐고 한국에 와서는 더욱 심취해서 시간이 있을 때마다 관세음보살님이 계실지도 모르는, 아니 계실 것 같은, 분명히 계시는 (웃음) 낙산사에 와서 지냅니다. 제 소원은 성스러움을 조각으로 표현해내는 일입니다."

유향이 웃음을 담고 합장을 했다.

"저는 양기석입니다. 양양에 있는 고등학교에서 역사를 가르치고 있습니다. 처음에는 불교를 문화로 받아들였는데 지금은 철학으로 받아들이고 있습니다. 앞으로 종교로 받아들이게 되기를 희망합니다."

양기석도 좌중을 둘러보며 미소를 지었다.

"저는 김진교입니다. 농사를 지으면서 이 지방의 향토문화에 관심을 가지고 있습니다. 바로 이거다, 하는 주제가 손에 잡히면 글을 한 번 써보고 싶습니다. 글의 장르는 뭐가 될지 아직은 저 자신도 모르고 있습니다."

김진교가 미소를 지으며 합장했다.

"저는 임부용입니다. 부용芙蓉은 연꽃을 표현하는 말이라고 합니다. 부모님이 부용이라는 이름을 지어주신 걸 보면 연꽃 같은 삶을 살라고 하신 것 같습니다. 가능한 그런 삶을 살려고 애쓰고 있습니다. 속초 시내에서 약국을 하고 있으며 약초에 관심이 많습니다. 앞으로는 대체의학쪽 공부를 해보려고 합니다."

임부용도 고개를 숙이며 합장했다.

"저는 송현이라고 합니다. 고향은 원산이고 원산에서 고등학교 수학선생을 했습니다. 아버님은 중앙방송국 간부였고 어머니는 원산고등학교 교장이셨습니다. 부모님의 권유로 탈북을 하게 됐습니다. 제가 탈북 후 아버님은 돌아가셨고 어머님은 시골로 추방되셨다고 합니다. 저에게 자유를 주신 대가로 두 분의 생은 풍요로운 무대에서 내려오신 겁니다. 남한에 와서 대학을 졸업했고 지금은 교사 채용 임용고시를 준비하고 있습니다. 앞으로 제가 무슨 역할을 하며 살아야 하나, 하는 문제가 저의 가장 큰 관심사인 동시에 고민입니다. 여러분들과 함께 공부하게 돼서 기쁩니다."

송현이 고개를 숙이며 합장했다. 동그스름한 얼굴이 귀티가 나지만 표정엔 그늘이 드리워져 있다.

"저는 박찬규입니다. 낙산사에서 운영하고 있는 복지관에서 복지사로 일하고 있습니다. 도용 스님을 존경하고 있으며 스님이 하시는 일은 무엇이든 돕고 싶은 마음의 준비가 돼 있습니다. 이번 기회에 의상 스님에 대해 확실하게 공부해서 의상박물관을 찾는 분들에게 의상대사에 대한 설명을 제대로 해드리겠습니다."

박찬규가 환하게 웃으며 합장했다. 성실함이 온몸에 배어있는 청년의 모습이다.

"저는 이숙현이라고 합니다. 가정주부로 평범한 일상을 살고 있습니다만 마음속은 항상 삶의 근본 문제에 대해 고민하고 있습니다. 어떻게 살면 죽을 때 후회하지 않고 죽을 수 있나? 이것이 제가 안고 있는 화두입니다. 의상대사를 공부하면서 이 화두가 풀려지기를 희망합니다. 시간이 나면 아니 가능한 시간을 내서 낙산사 후원에서 일을 많이 하려고 노력하고 있습니다."

이숙현이 고개를 숙이며 합장했다. 깔끔하고 단정한 외모가 정갈하게 느껴진다.

"이 방엔 지금 저를 포함해서 9명이 모여 있습니다. 인연이 닿는다면 한 명 정도 더 추가시키겠습니다. 그럼 강현표 교수님의 강의를 듣도록 하죠. 박수로 강의를 청해주시기 바랍니다."

도융 스님이 이렇게 말하며 먼저 박수를 치자 모두 미소 띤 얼굴로 박수를 쳤다.

"여러분들과 함께 의상대사를 공부하게 돼서 기쁩니다. 의상대사는 원효 스님과 함께 신라를 대표하는 스님인 동시에 한국불교계를 대표하는 스님입니다. 대표라는 말에는 항상 위험성이 따르기 때문에 저는 여기서 위대한 사상가이며 학자인 고승으로 호칭하겠습니다. 의상대사는 신라 26대 임금인 진평왕 47년 경주에서 태어나셔서 33대 임금인 성덕왕 원년에 돌아가셨습니다. 태어나신 해는 625년이고 돌아가신 해는 702년이니 78세의 수를 하셨습니다. 스님의 생애 안에 일곱 분의 왕이 바뀌었는데 첫 번째 왕은 진평왕, 두 번째 왕은 선덕여왕, 세 번째 왕은 진덕여왕, 네 번째 왕은 무열왕, 다섯 번째 왕은 문무왕, 여섯 번째 왕은 신문왕, 일곱 번째 왕은 효소왕, 그리고 여덟 번째 왕으로 등극한 성덕대왕 원년에 입적하셨습니다.

여러분들은 지금 제가 거명한 왕들의 이름을 들으면서 의상 스님이 신라가 삼국을 통일한 가장 역동적인 시기에 사셨음을 알았을 겁니다. 스님의 청년기는 신라 백제 고구려가 서로 영토를 확장하기 위해 각축전을 벌이던 시기였고, 장년기는 신라가 삼국을 통일한 후 전쟁의 후유증을 안고 있던 시기였으며, 노년기는 삼국을 통일한 신라가 새로운 통치 이념을 갈망하던 시기였습니다.

1,300년 전 이 땅에 사셨던 위대한 고승 의상대사를 공부하면서 의상대사가 사셨던 1,300년 전과 별로 다를 바가 없는 오늘의 현실을 직시해보려고 합니다. 그러면서 삼국통일의 역동기에 의상대사가 보여주셨던 행行을, 남북통일을 성취해야 하는 오늘의 우리들은 어떻게 실천해야 하는가를 같이 고민해보려 합니다. 유익한 공부가 됐으면 좋겠습니다."

2
만남,
의상 원효 자장

의상대사의 속성은 김 씨다. 그리고 진골로 귀족 가문이다. 야사에는 진덕여왕이 청년 승려인 의상을 사모한 것으로 되어 있는데 이를 보면 외모도 빼어나게 수려했던 것으로 보인다.

의상은 19세 되던 해 서라벌에 있는 황복사皇福寺로 출가했다. 출가 동기에 대해서는 자세히 기록되어 있는 게 없다. 하지만 그 당시 신라 청년들의 꿈이 전쟁터에 나가 나라를 구하는 장수가 되거나, 높은 벼슬에 올라 국가를 통치하는 위정자가 되는 거, 아니면 진리의 세계를 추구해 백성의 정신적 스승인 승려가 되는 것이었다고 한다면 의상은 마지막인 구도자의 길을 택했던 것으로 보인다.

황복사는 이름 그대로 임금을 위시한 왕족의 복을 비는 원찰이다. 그럼으로 진골 출신의 의상은 자연스럽게 권력의 핵심부에 몸을 담게 되었다. 황복사에서 10여 리 정도 거리에 신라의 중심 사찰인 황룡사皇龍寺와 분황사芬皇寺가 있고, 분황사에는 당나라 유학을 마치고 귀국한 자장율사가 주지로 있으면서 대국통의 소임을 맡고 있었다.

자장율사 아버지는 신라 17관등 중 3관등인 소판蘇判의 높은 벼슬을 산 진골이며 김무림이다. 그는 늦게까지 자식이 없자 직접 천수관음을 조성하고 자식 낳기를 간절히 빌었다. 그러던 어느 날 그의 아내가 별이 품속으로 들어오는 꿈을 꾸고 열 달 후 사월 초파일에 아들을 낳았다. 그 아들이 자장이고, 따라서 자장은 부처님과 생일이 같다. 그는 어려서부터 맑고 총명했는데 나이가 들면서부터 세속 일에 관심을 가지지 않고 홀로 불법 공부하기를 좋아했다. 그러다가 마침내 깊은 산속으로 들어가 가시넝쿨 속에 몸을 숨기고 고골관枯骨觀을 했다. 고골관이란 사람의 육체가 썩어가 마침내 뼈만 앙상하게 남는 것을 관하는 것으로 무상을 터득하기 위한 공부법이다. 고골관을 하던 어느 날 꿈에 한 천인이 나타나 오계五戒를 설해주었다. 꿈속에서 오계를 받은 자장은 계율의 의미가 환하게 알아지면서 구도자라면 모름지기 어떤 자세로 공부해야 하는가가 터득되었다. 그래서 산속 수행을 마치고 하산했다.

하산하자 그의 주위에는 사람들이 모여들기 시작했다. 자장은 자신을 찾아오는 사람들에게 계율에 관한 설법을 했다. 그러자 사람들은 점점 불어나 그의 주위를 에워쌌다. 자장은 자신의 공부가 아직 깊어지지 않았는데 사람들에게 둘러싸여서 시간을 보내고 있는 것은 옳지 않다고 판단하고 승실 등 제자 10명과 함께 당나라 유학길에 올랐다. 당나라로 온 자장은 우선 문수보살이 상주하고 계신 청량산淸凉山에 가서 문수보살을 친견해야겠다고 생각하고 발길을 돌렸다.

청량산에 도착한 자장은 태화지 연못 주위에 세워진 문수보살 소상塑像 앞에 엎드려 문수보살이 현신해 주시기를 간절히 빌며 기도를 드렸다. 그러자 한 스님이 나타나 사구게四句偈를 주고 갔다. 자장은 스님이 주고 간 말은 또렷이 기억하겠는데 뜻을 알 수가 없어서 고민에 잠겼다.

그때 또 한 분의 스님이 나타나서 무슨 고민이 있느냐고 물었다. 그래서 자상은 자초지종을 다 얘기했다. 자장의 얘기를 들은 스님은 그 말은 범어이기 때문에 뜻을 알 수 없는 것은 당연하다고 하면서 뜻을 풀이해 주었다. 자장이 감사히 풀이해 준 뜻을 받아들이자 스님은 금란가사錦襴袈裟 한 벌과 사리 다섯 과를 주면서 말했다.

"이 가사는 석가모니 부처님이 쓰시던 가사요. 그리고 이 사리는 석가모니 부처님의 진신 사리요. 당신의 나라 신라에는 1만의 문수보살이 상주하는 오대산이 있으니 가사와 사리를 가져가서 잘 모시도록 하오."

낯선 스님은 이렇게 말하고 홀연히 사라졌다. 그때 태화지 연못에서 용이 솟구쳐 오르며 자장에게 말했다.

"지금 현신하신 그 분은 문수보살님이시오. 부디 가사와 사리를 잘 모시고 가서 불법을 널리 펴도록 하시오."

용은 이렇게 말하고 다시 못 속으로 사라졌다. 자장이 못 속을 들여다보자 못은 금빛으로 변하며 향내가 솟구쳐 올라왔다.

문수보살을 친견한 자장은 자신이 목표했던 공부를 마치고 가야겠다고 생각하며 장안으로 들어갔다. 그러자 당나라 태종이 사신을 보내 승광별원勝光別院에 머물게 했다. 자장은 당 태종이 내준 숙소에서 편안히 머물며 자신을 찾아오는 사람들에게 계율을 설했다. 그때 한 장님이 자장의 설법을 듣고 눈을 뜨는 이적을 보였다. 그러자 이 소식을 전해들은 사람들이 구름처럼 모여들었다.

자장은 여기에 더 머물러 있어서는 안 되겠다는 생각을 하고 당 태종에게 글을 올리고 승광별원을 떠났다. 그런 그는 종남산終南山으로 들어가 운제사 부근의 바위에 의지해서 초막을 짓고 거기서 기거하며 공부에 전념했다.

종남산에는 많은 절이 있었는데 특히 지상사至相寺에는 화엄종의 초조인 두순杜順 스님이, 풍덕사豊德寺에는 훗날 계율종의 한 종파를 창시한 도선율사道宣律師가 머무르고 있었다. 자장은 두순 스님과 도선율사와 교유하면서 그분들로부터 《화엄경》과 계율의 가르침을 받았다. 그리고 스스로 계율을 지키는 율사가 되리라고 결심했다. 여기서부터는 자장 스님을 자장율사라고 호칭하겠다.

이렇게 7년여를 보내고 있을 때 선덕여왕이 당 태종에게 편지를 보내 자장율사를 본국으로 보내달라고 청했다. 자장율사가 신라를 떠나 있는 동안 나라의 큰 기둥이었던 원광법사가 열반에 드셨고, 고구려가 침공해 7개의 성을, 백제가 침공해 40여 개의 성을 빼앗았으며, 고구려와 백제가 연합해 대야성과 당항성을 차례로 빼앗는 시련이 연거푸 일어나고 있었다. 이 소식을 전해들은 자장율사는 대장경 한 질과, 불상, 불경, 번당, 화개, 그리고 문수보살로부터 받은 금란가사와, 진신 사리를 모시고 고국 신라로 돌아왔다.

자장율사가 돌아오자 선덕여왕은 그에게 대국통을 제수하고, 전국의 스님들을 통솔하게 하는 한편, 나라의 스승으로 백성들의 의지처가 되게 했다. 자장율사가 당나라 유학을 마치고 귀국한 해는 선덕여왕 12년 643년이었는데, 그해는 의상대사가 19세의 나이로 황복사에 출가한 해이기도 하다.

* * *

의상은 출가 후 처음으로 부처님 탄생일인 사월 초파일을 맞았다.

황복사에도 붉은 연등이 걸리고 스님들은 잔치 준비에 여념이 없었다. 특히 황복사는 임금과 왕족의 안녕을 비는 왕궁의 원찰이기 때문에 초파일은 다른 절보다 더 바쁘다. 왕족들이 오기 때문에 세심하게 준비해야 할 일이 그만큼 많아서이다. 의상은 어른 스님들이 시키는 일을 하며 분주히 몸을 움직이고 있었다. 그때 주지스님이 의상을 불렀다.

"너는 분황사에 다녀오너라. 내일이 자장 스님의 생신이라 떡을 했으니 갖다 드리도록 해라. 채공이 준비해 놓았을 테니 지금 후원으로 가거라."

"네."

의상은 두 손을 모아 합장하고 공손히 허리를 굽혔다. 그리고 후원을 향해 급히 발길을 돌렸다. 후원에 도착해 보니 채공이 수레에 떡을 담고 있었다. 그리고 옆에는 절에서 허드렛일을 하는 양 거사가 채공을 돕고 있었다.

"준비가 다 되셨군요."

의상이 채공 옆에 서서 말을 걸자,

"다 됐소. 수레는 거사가 끌고 가니 스님은 그냥 가서 떡을 전달하기만 하면 되오."

채공이 허리를 펴며 말했다.

"알겠소. 그럼 갔다 오겠소."

의상이 몸을 돌리자 양 거사가 수레를 끌며 뒤를 따랐다. 육십

이 넘은 양 거사는 절에서 궂은일을 시키는 대로 하면서 살고 있었다.

황복사에서 분황사까지는 십 리 정도, 길 양 옆으로는 화사한 봄꽃이 피어있고 들판 가득 꽃만큼 화사한 봄볕이 내려쬐고 있었다. 봄의 정취에 잠기며 앞에서 걸어가던 의상은 뒤에 오는 양 거사와 아무 말도 하지 않고 가고 있다는 데 생각이 미쳤다. 그래서 고개를 돌리고 뒤를 돌아다보았다. 그러던 그는 급히 걸음을 옮겨 삼십여 보쯤 뒤에서 오고 있는 양 거사 쪽으로 갔다.

"수레는 내가 끌 테니 잠시 쉬도록 하시오."

의상은 수레 손잡이를 잡으며 말했다.

"안 됩니다. 이건 제가 끌어야 합니다."

양거사가 거절을 하며 수레 손잡이를 놓으려 하지 않았다.

"안 되는 게 어디 있소. 내가 끌 테니 잠시 쉬도록 하시오. 가다가 힘이 들면 도로 주겠소."

의상이 완강하게 수레 손잡이를 잡고 놓지 않자 양 거사는 주위를 둘러보더니 수레를 넘겨주었다. 오 리 정도 수레를 끌고 온 그의 몸은 땀으로 젖어 있었고 목에 두른 광목수건도 땀으로 흠뻑 젖어있었다. 수레를 물려받은 의상은 양 거사가 했던 것처럼 수레 속으로 들어가 손잡이를 잡고 수레를 끌었다. 힘을 줬는데도 수레는 잘 끌어지지 않았다. 수레에 실은 떡이 수레를 끄는 사람의 몸무게보다 훨씬 무거운 것 같았다. 의상이 있는 힘을 다해 수레를 끌고 가자 잠시 땀을 식힌 양 거사가 쫓아 와서 수레 손잡이를 잡았다.

"수레는 제가 끌고 가겠습니다. 이리 주십시오."

"얼마나 쉬었다고 벌써 왔소. 내가 조금 더 끌 테니 잠시 더 쉬시오."

"스님이 끌고 가시면 점심 공양 전에 도착하지 못 합니다. 그러니 제게 도로 주십시오."

양 거사가 수레 손잡이를 잡으며 의상더러 빨리 수레 밖으로 나오라고 눈짓을 했다. 의상은 잠시 망설이다가 수레를 양 거사한테 도로 주고 수레 밖으로 나왔다. 점심 공양 전에 절에 도착하지 못한다는 양 거사 말에 그런 결정을 할 수밖에 없었다.

수레를 양 거사한테 도로 물려 준 의상은 깊은 생각에 잠겼다. 사람은 왜 하는 일이 서로 다를까? 하는 일이 서로 다르다는 것은 그 일을 하는 사람들의 신분이 서로 다르다는 말과 같다. 양 거사는 노인이고 자신은 청년인데 양 거사가 무거운 수레를 자신보다 더 잘 끌고 있다. 그것은 양 거사가 힘든 일을 자신보다 훨씬 더 많이 해왔기 때문일 것이다.

그리고 또 한 가지, 채공과 자신은 거의 같은 시기에 황복사로 출가했다. 그런데 자신은 처음부터 주지스님의 시자가 돼서 손에 물 한 방울 묻히지 않고 지냈고, 채공은 채공이 돼서 손에 물이 마를 새가 없이 지내고 있다. 그것은 내가 진골 출신이고 그 스님은 평민 출신이라는 신분 차이 때문이다. 신분은 본래 주어진 것일까? 아니면 인간이 만들어 낸 것일까?

이런 생각을 하며 걷고 있는 의상은 좀 전처럼 봄의 정취에 취해지지 않았다. 꽃도 들판을 가득 채우고 있는 햇빛도 가슴을 설레게 하는 힘을 지니고 있지 못했다. 같은 길을 걷고 있는데 자신의 마음은 달라져 있었다. 잠시 사이에 마음이 달라진 것은 왜일까? 무엇이 사람의 마음을 달라지게 하는 것일까? 의상은 이런 생각에 잠기며 걸음을 옮겼다.

분황사 경내로 들어선 의상은 원주스님을 찾아 떡을 전달하고 대웅전 쪽으로 갔다. 부처님께 참배를 하고 가기 위해서였다. 그러던 의상은 대웅전 뜰에 서서 등을 매달고 있는 한 스님을 유심히 쳐다봤다. 붉은 등을 손에 들고 기도를 드리듯 경건한 표정을 짓다가 조용히 줄에 매달고 있는 스님 모습이 너무도 거룩하게 보여서였다.

"흡사 만 개의 등으로 빚어 놓으신 거 같네."

의상의 입에서 자신도 모르게 이런 말이 흘러 나왔다. 그러던 의상은 자신이 한 말에 대해 스스로 놀라고 있었다. 만 개의 등이라면 서라벌을 다 덮고도 남을 만한 등인데…… 그렇다면 저 스님의 법력이 서라벌을 다 덮고도 남을 만하다는 것인가? 의상은 스스로 이렇게 해석을 달며 경건한 표정을 지었다.

"스님, 어서 참배를 하고 나오십시오. 절에 갈 시간이 바쁩니다."

양 거사가 뒤에서 채근을 했다.

"내가 잠시 넋을 놓고 있었소. 거사님도 같이 들어가서 참배를 합시다."

의상은 계면쩍은 표정을 지으며 양 거사를 돌아다보았다.

"제가 어떻게 법당에…… 스님 혼자 얼른 참배를 하고 나오십시오. 저는 들어갈 수 없습니다."

양 거사가 사양했다.

"부처님께 올릴 떡을 가져오느라고 고생했는데 양 거사가 들어가서 참배를 하면 부처님도 좋아하실 겁니다. 어서 들어갑시다."

의상은 양 거사 팔을 끌며 말했다. 그때 등을 달던 스님이 고개를 돌리며 두 사람을 바라보았다. 그러던 스님은 잠시 생각하는 표정을 짓더니 그들 가까이로 다가왔다.

"분황사 법당은 저 같은 사람이 들어가면 안 됩니다. 어서 스님만 참배하고 나오십시오."

양 거사가 의상이 잡고 있는 손을 빼며 말했다.

"황복사는 안 되지만 여기는 괜찮소. 거사가 누군지도 모르는데 누가 못 들어오게 한다는 거요?"

의상이 다시 양 거사 손을 잡으려고 하자,

"부처님은 제가 누군지 다 아십니다. 그러니 안 됩니다."

양 거사는 두려운 표정을 지으며 뒷걸음질을 쳤다.

"두 분은 황복사에서 오시었소?"

다가온 스님이 물었다.

"그렇습니다. 내일이 자장 스님 생신이라서 떡을 해 가지고 왔습니다. 이 거사님이 수레를 끌고 오느라 고생을 많이 했기에 법당에 같이 들어가서 부처님께 참배를 드리게 하고 싶은데 못 들어간다고 우깁니다."

의상이 합장을 하며 경위를 설명했다.

"내가 보니 부처님도 거사님이 들어오기를 기다리고 계시는 것 같은데 이왕이면 나하고 같이 들어갑시다. 분황사 중하고 같이 법당에 들어가는데 누가 뭐라고 하겠소. 스님 들어갑시다."

다가온 스님이 이렇게 말하며 의상을 쳐다봤다.

"네."

스님의 눈빛을 받는 순간 의상은 가슴이 벅차오르며 두근거려졌다. 그래서 얼른 네, 하며 합장을 했다.

"거사님도 들어가셔야죠. 우리가 양쪽에 설 테니 거사님은 가운데 서십시오."

다가온 스님은 이렇게 말하며 법당 쪽으로 걸음을 옮겼다. 양쪽에 선 스님들로부터 외호를 받으며 걷고 있는 양 거사 얼굴은 잔뜩 굳어있었다.

"스님은 황복사에 온 지가 얼마나 되셨소?"

옆에서 걷던 스님이 미소를 지으며 물었다.

"일 년 정도 됐습니다. 법명은 의상義湘입니다."

의상이 고개를 돌리며 대답했다.

"나는 분황사에 온 지 십삼 년이 됐소. 법명은 원효元曉요."

원효 스님이 답례를 하듯 자신을 소개했다.

"좀 전에 스님을 뵙는 순간 만萬 등燈으로 빚어 놓으신 것 같다는 생각이 들었습니다. 그러면서 이어 만 등이면 서라벌을 덮고도 남을 만한데…… 그렇다면 저 스님 법력이 그만큼 크다는 것인가? 하는 생각도 같이 들었습니다."

의상이 자신의 마음을 전달하고 싶은 듯 공손히 말했다.

"출가한 지 일 년밖에 안 된 스님이 서라벌을 덮고도 남을 법력을 알아본다니 놀랍소. 스님은 장차 세상을 환하게 비출 저 해와 같은 법력을 지닌 스님이 될 것 같소."

원효 스님이 법당 위에 뜬 해를 보며 웃었다.

"앞으로 제게 많은 가르침을 주십시오. 스승으로 모시고 공부하고 싶습니다."

의상이 고개를 숙이자,

"우린 좋은 도반이 될 것 같소. 함께 탁마해 갑시다."

원효가 언약하듯 말했다.

원효와 의상의 첫 만남, 원효는 열다섯 살에 분황사로 출가해 법랍 13년이 된 28세의 승려고, 의상은 열아홉 살에 황복사로 출가해 법랍 2년이 된 20세의 승려다. 그러니 원효는 의상보다 법랍으로는 11년이, 세속 나이로는 8년이 위다. 스승으로, 도반으로 함께 탁마해 가며 부처님 법을 세상에 펼친 위대한 스님 원효와 의상, 혹자는 두 스님이 세속적으로 인척의 인연이 맺어져 있었다고 하나 밝혀진 바는 없다.

* * *

신라에 불교가 유입된 지도 이미 100여 년이 넘었다. 따라서 많은 경전이 유포되었고 각 경전에 대한 해석도 활발하게 이루어지고 있었다. 그리고 사찰도 스님 수도 계속 불어나 나라 전체에 불교가 널리 전파되고 있었다.

하지만 그 모든 것은 신라 내의 특권층, 지식인들의 향유물이었다. 따라서 기층민들에게 있어 불교는 다가가서도 안 되고, 넘겨다봐서도 안 되는 피안의 언덕 같은 것이었다. 특히 서라벌 내에 있는 황복사, 분황사, 황룡사처럼 임금을 상징하는 황皇 자가 들어있는 절은 더욱 그랬다. 그러하기 때문에 하층민들은 물론 평민들도 법당 안에 들어간다는 것은 임금 용상이 있는 집무실에 들어가는 것만큼이나 상상할 수 없는 일이었다.

대국통의 자리에 오른 자장율사는 스님들의 위상을 바로 세우는 일이 가장 시급하다고 생각했다. 스님은 매달 초하루와 보름엔 계율을 설해 출가자의 생명은 계율을 지킴에 있음을 강조하고, 부처님 제자로서 해탈을 이루고자 한다면 반드시 계율을 지켜야 한다고 강조했다. 또한 자장율사는 전국에 있는 모든 스님들에게 불교 경전을 공부하게 하고, 매년 봄가을 두 차례에 걸쳐 시험을 치게 했다. 출가자라면 반드시 부처님 가르침이 무엇인지 그 핵심을 정확히 아는 것이 중요하다고 생각한 때문이다. 그리고 사찰 운영도 제도적으로 정비하고, 순검사를 파견하여 잘못을 저지른 스님이 있으면 그를 징계하게 했다.

자장율사는 이렇게 제도를 정비하는 한편 자신의 속가 집을 원녕사라는 절로 만들고 거기서 《화엄경》을 강설했다. 《화엄경》은 스님 자신이 당나라에서 공부했던 경전으로 신라에는 처음 유입된 경전이었다. 그러자 전국에 흩어져 있던 많은 스님들이 새로 유입된 경전을 공부하기 위해 원녕사로 모여들었다. 그 속엔 원효 스님과 의상 스님도 포함돼 있었다.

의상 스님은 원효 스님과 함께 원녕사에 머물면서 자장율사로부터 《화엄경》을 공부했다. 화엄경은 부처님의 깨달은 세계를 그대로 드러낸 경전이다. 그러므로 부처님의 깨달은 세계를 아는 길은 《화엄경》을 공부하는 것이고, 《화엄경》을 공부한다는 것은 부처님의 깨달은 세계를 아는 길이다. 불교의 궁극적 목적, 깨달음이 강설돼 있는 《화엄경》은 그래서 스님들에게 관심의 대상이 될 수밖에 없었다.

《화엄경》이 스님들에게 관심의 대상이 되긴 했지만 과연 스님들이 《화엄경》을 이해할 수 있을까? 이 물음에 대해 근본경전에서는 이렇게 설명하고 있다. 부처님은 우리가 아는 대로 보리수 밑에서 대오大悟를 하셨다. 그리고 약 한 달 동안 선정에 들어 자신이 깨달은 세계를 관했다. 그런 후 부처님은 자신이 깨달은 세계를 사람들이 이해할 수 없을 것임을 알고 침묵해 버리려고 했다.

내가 깨달은 진리는 매우 깊어서 이해하기 어렵다. 적정 미묘하여서 분별의 세계를 초월하고 있다. 그런데 세상 사람들은 아뢰야를 좋아하고 아뢰야를 즐기고 있다. 그런 사람들에게는 연기의 도리가 이해되지 않는다. 비록 내가 설법한다 해도 나는 지쳐버릴 뿐이리라.

《율장律藏》 대품

이때 범천梵天의 신들이 연꽃의 비유를 들어 설법을 하도록 권청勸請한다.

이 세상에는 세 종류의 연꽃과 같은 사람들이 있습니다. 한 부류는 물 속 깊숙이 가라앉아 있는 연꽃과 같아 물 밖으로 끌어올리기가 매우 힘든 사람들이고, 다른 한 부류는 수면 위에 찰랑찰랑 떠있는 연꽃 같은 사람으로 이들은 조금만 도움을 주면 스스로 꽃대를 올려 꽃을 피울 수 있는 사람들입니다. 그리고 다른 한 부류는 수면 위에 꽃대를 쑥 올리고 있는 연꽃과 같은 사람으로 누구의 도움을 받지 않고도 스스로 꽃을 피울 수 있는 사람들입니다. 이 세 부류의 사람들 중에서 첫째와 셋째는 그 수가 적지만 두 번째 부류의 사람들은 그 수가 아주 많습니다. 그러니 이 사람들을 위해 법을 설해 주옵소서.

부처님은 범천의 신들이 간절하게 권청하자 스스로 자리에서 일어나 법을 설하려고 세상에 나오셨다고 한다. 이 말은 부처님의 깨친 세계가 우리들이 이해하기에 얼마나 어려운 세계인가를 설명하는 좋은 예라고 생각된다.

자장율사의 설법을 듣고 난 후 원효 스님과 의상 스님은 따로 만나 아뢰야와 연기에 대해 긴 토론을 했다. 세상 사람들은 아뢰야를 좋아하고 아뢰야를 즐기고 있다. 그런 사람들에게는 연기의 도리가 이해되지 않는다, 라고 하신 부처님의 말씀을 놓고서.

원효는 법랍으로도, 세수로도 의상보다 한참 위다. 그래서 의상은 원효를 대선배로, 스승으로 깍듯하게 예우하며 배우려는 자세를 취하고 있었다. 원효 역시 맑은 성품과 슬기로 가득 차있는 의상을 존중하며 도반으로서의 예를 갖추고 함께 탁마하려는 자세를 취하고 있었다. 이런 두 사람은 화엄산림이 펼쳐지는 원녕사 도량에서 일생을 이어 갈 깊은 우정의 탑을 쌓아 올리고 있었다. 그때 두 스님이 쌓아 올린 탑은 일생 동안 쌓아갈 탑의 기단 부분이었을지도 모른다.

　대국통으로 분황사 주지 소임을 맡고 있는 자장율사는 분황사에서《섭대승론攝大乘論》을 강설했다.《섭대승론》은 대승경전이면서 유식학의 근본 경전 중 하나다. 그 내용은 드러나는 일체 의식의 창고인 아뢰야식, 모든 요소는 서로 의존적인 의타기성依他起性, 분별하여 집착하는 분별성分別性, 참된 진리를 지니는 진실성眞實性의 삼성설三性說로 되어있다. 그리고 모든 요소는 관념의 형성뿐이라는 유식관唯識觀, 여섯 가지 완성인 육바라밀六波羅蜜, 보살의 열 가지 단계인 십지十地, 도덕적 규율인 계戒, 명상(三昧), 완전한 지혜인 반야般若, 분별이 없는 최고의 경지인 무주처 열반涅槃, 부처의 세 가지 몸 삼신三身 등이 수록돼 있다. 이 책에서 주목되는 것은 삼성설이 유식학의 기초가 되고 있다는 점이다.

　원효 스님과 의상 스님은 분황사에서 자장율사의《섭대승론》강설도 함께 들었다. 두 스님은《섭대승론》강설을 통해 불교 교리를 폭넓게 이해했고, 특히 대승불교의 보살사상을 깊이 인식하게되었다. 그리고 의식의 창고인 아뢰야식을 이해함으로써 식識의 작용, 유식사상을 알게 되었다. 원효와 의상 두 스님은 처음《화엄경》을 공부할 때처럼《섭대승론》의 내용도 서로 질문하고 답하고 토론하면서 교리의 이해력을 넓혀갔다.

　자장율사는 귀국 후 2년 만인 선덕여왕 14년에 황룡사 법당 앞에 높이 225자(80.18m)의 거대한 9층탑을 세우도록 왕에게 건의했다. 우리 주변의 아파트 3층 높이가 8m임을 감안한다면 80.18m의 황룡사 9층탑은 아파트 30층 정도의 높이임을 알 수 있다. 이 탑은 백제의 장인 아비지阿非知가 와서 조성한 것으로 되어있다.

자장율사가 세계에서도 유례를 찾을 수 없는 거대한 목탑을 세우려고 했던 것은 삼국통일의 위업을 달성하기 위해 국가의 권위를 만방에 떨치고자 함이었다. 자장율사가 귀국해서 분황사에 머물던 때는 신라가 삼국통일의 대업을 성취시키려는 결집의 시기였다.

선덕여왕이 자장율사의 건의를 받아들여 황룡사 내에 9층탑 조성을 시작하자 자장율사는 거처를 황룡사로 옮기고 황룡사 주지 직을 맡았다. 그리고 황룡사에서 보살계본을 강설했다. 보살은 불교 대승경전에 등장하는 가장 이상적인 인간의 모습으로 불도를 완성하려는 원력과 일체중생을 제도하려는 원력을 동시에 지닌 구도자를 말한다. 이런 구도자가 지켜야 하는 계가 바로 보살계본이다. 그러므로 보살계본은 인간의 욕망을 제어하기 위해 제정한 소승의 율장과는 근본적으로 차원이 다르다.

자장 스님은 황룡사에서 7일 낮과 7일 밤 동안 쉬지 않고 보살계본을 강설했다. 그러자 하늘에서 감로비가 내리고 땅에서 오색 구름이 피어올랐다고 기록돼 있다. 그것이 사실인지 아닌지는 확인할 수 없지만 사실이 아니라 해도 자장 스님으로부터 보살계본을 들은 대중들은 그 자체로 감로비를 마신 것과 같은 감동 속에서 서운에 휩싸인 듯한 행복감을 느꼈을 것이다. 보살계본은 인간이 도달할 수 있는 최상의 길을 제시한 것이기 때문이다.

원효 스님과 의상 스님도 환희 속에서 7주야를 보냈다. 그러면서 보살이 저지르는 가장 무서운 죄가 자신의 덕을 찬탄하고 다른 사람을 헐뜯는 것, 재물이 있어도 보시하지 않고 법을 듣고자 하는 사람이 있어도 법을 설하지 않는 것, 보살이 화를 내고 거친 말을 쓰며 다른 사람이 참회해도 받아주지 않는 것, 보살장菩薩藏을 비방하고 상사법相似法을 설하는 것임을 알았다. 스승이 있어 그 스승으로부터 가르침을 받는 것은 최상의 행복이다. 원효 스님과 의상 스님은 스승인 자장율사를 통해 그런 행복감을 만끽하며 황룡사에서 7일을 함께 보냈다.

한편 원효 스님과 의상 스님은 보덕화상으로부터 《유마경》과 《열반경》을 공부하며 대승보살사상과 정토신앙을 익혔다. 보덕화상은 고구려 스님이었는데 연개소문이 중국으로부터 도교를 받아들여 널리 보급하자 고구려가 곧 망할 것을 알고 방석에 앉은 채 날아서 전라도 완주에 도착했다. 이것이 유명한 비래방장飛來方丈이다.

앞에서도 언급했듯이, 자장율사가 선덕여왕의 부름을 받고 급히 귀국한 것은 백제의 의자왕이 서쪽 변방의 40여 개 성을 빼앗고, 대야성을 공격하여 성주 김품석과 그의 아내를 살해한 직후였다. 위기에 몰린 신라는 김춘추를 고구려에 보내 군사 지원을 요청했다. 그러나 고구려 장군 연개소문은 신라가 빼앗은 고구려의 옛 땅을 돌려주지 않으면 군사 지원을 해줄 수 없다고 했다. 고구려와의 협상이 결렬되자 신라는 김춘추를 다시 당나라에 보내 군사적 지원을 요청했다.

고구려 공격에 실패한 당 태종은 신라의 제의를 받아들여 군사 지원을 약속했다. 이 사실을 안 백제는 고구려와 연합하여 신라인들이 당나라로 가는 관문인 당항성을 점령했다. 자장율사가 당에서 신라로 귀국한 바로 그해였다.

고구려 백제 신라가 영토를 놓고 서로 각축전을 벌이던 혼란한 시기, 신라는 당나라와 연합하여 삼국을 통일하려는 의지를 키우고 있었다. 자장율사가 귀국하여 대국통으로서 불교의 제도를 정비하고 불교의 교리를 펴던 때는 바로 이렇게 혼란과 역동적 기운이 혼재해 있던 시기였다.

원효 스님과 의상 스님은 6~7년 간 자장율사를 스승으로 모시고 함께 공부했다. 그러면서 불교 교리를 깊이 이해하게 되고 더 많은 공부를 하고 싶은 욕구도 가지게 되었다. 그때 당나라 현장이 인도에서 신유식학을 도입해 왔다는 소문이 들려왔다. 유식에 관심이 컸던 원효 스님은 의상 스님에게 함께 당나라에 가서 불법을 공부해보자고 제의했다. 의상 스님 역시 자장율사를 통해 당나라의 불교를 알게 되었고, 좀 더 넓은 세상에 가서 인도로부터 들어오는 불교를 직접 만나고 싶은 갈망에 차있었기 때문에 원효 스님의 제안을 쾌히 받아들였다. 이렇게 당나라 유학을 결심한 두 스님은 스승인 자장율사를 찾아갔다.

"스님, 저희들도 당나라에 가서 더 많은 부처님 가르침을 공부하고 싶습니다. 저희들에게 길을 열어 주십시오."

원효 스님이 청했다. 그러자 자장율사는 두 스님을 잠시 바라보다가 물었다.

"가서 무엇을 공부하고 싶은가?"

"저는 유식을 더 공부하고 싶습니다. 마침 당나라 현장 스님이 인도에 가서 신유식에 관한 책을 구입해 왔다 하니 그 책으로 유식학을 더 공부해보고 싶습니다."

원효 스님이 대답했다. 원효 스님의 말을 듣고 천천히 고개를 끄덕이던 자장율사는 다시 의상 스님을 바라보았다.

"스님은?"

"저는 《화엄경》을 더 공부해 보고 싶습니다. 부처님이 깨친 세계가 어떤 세계인지 좀 더 깊이 알고 싶습니다."

의상 스님이 명료하게 대답했다. 그러자 자장율사의 입가에 미소가 번졌다.

"《화엄경》을 공부하고 싶다면 종남산 지상사에 가서 지엄 스님을 만나도록 하게. 스승인 두순 스님은 내가 귀국하기 몇 해 전에 열반에 드셨네. 나도 거기에 있는 동안 두순 스님으로부터 《화엄경》을 배웠는데 좀 더 깊게 공부하고 오지 못한 것이 항상 아쉬웠네. 스님이 가서 내가 못한 공부까지를 다 해 오기 바라네."

자장율사는 스스로 《화엄경》 공부를 완성하지 못한 것을 인정하며, 청년 의상에게 《화엄경》 공부를 마치고 돌아오라고 당부했다.

"모든 힘을 오로지 공부하는 데만 쏟도록 하겠습니다. 그래서 꼭 《화엄경》 공부를 마치고 돌아오겠습니다."

의상 스님이 합장하고 허리를 깊숙이 숙였다. 스승을 향해 맹세의 예를 갖추고 있었다.

"두 스님이 유학길에 오를 수 있도록 모든 조치를 취해 놓겠네. 앞으로 이 땅에 부처님 혜명慧命을 널리 펴주기 바라네."

자장율사는 원효 스님과 의상 스님을 바라보며 간곡하게 당부했다. 부촉의 뜻이 담겨져 있음을 두 스님은 알고 있었고, 스님들은 그것을 마음속으로 깊이 받아들이고 있었다.

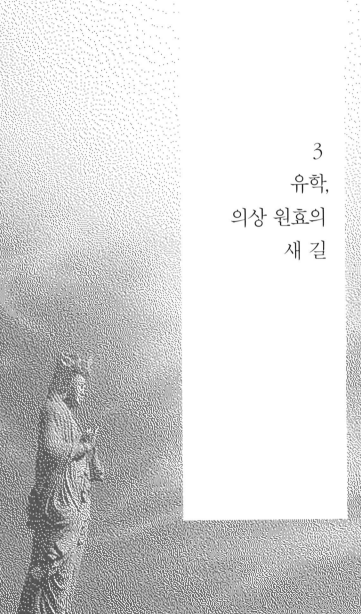

3
유학,
의상 원효의
새 길

원효 스님과 의상 스님이 당나라 유학길에 처음 오른 것은 진덕여왕 4년인 650년이었다. 650년이면 원효 스님은 34세, 의상 스님은 26세가 되던 해다. 두 스님은 뱃길을 피하고 육지로 가는 길을 택했다. 자장율사를 비롯해 신라인들이 당나라로 갈 때는 대개 당항성에서 배를 타고 갔는데 이들 두 스님은 왜 뱃길을 포기하고 육지로 가는 길을 택했을까? 경주에서 출발해 고구려 땅을 거쳐 중국으로 가는 길이 훨씬 더 멀고 힘들었을 텐데 말이다. 그건 아마도 그 당시 당항성이 백제 수중에 들어가 있었기 때문에 뱃길로 가는 것이 용이하지 않았기 때문이었는지도 모른다.

아무튼 이렇게 두 스님은 도보로 걸어서 삼천 리 정도의 길을 가다가 요동에서 고구려 순라군에게 잡힌 것으로 되어있다. 요동은 만주에 있는 요하강 동쪽을 말한다.

목적지에 가까이 도착했을 때 첩자의 누명을 쓰고 구치소에 갇힌 두 스님의 심정은 어떠했을까? 두 스님이 첩자로 몰린 것을 보면 그 당시 고구려 백제 신라 간에는 많은 첩자들이 오고 갔고, 스님으로 위장한 첩자들도 있었던 것으로 보인다. 두 스님은 며칠 동안 구치소에서 취조를 받다가 풀려났다.

그리고 당나라가 아닌 신라로 발길을 돌릴 수밖에 없었다. 갈 때보다 훨씬 더 힘들게 발길을 떼놓던 두 스님은 폭우를 만나 움막으로 들어갔고 거기서 하룻밤을 묵게 되었다. 잠결에 목이 마른 원효가 물을 찾다가 바가지에 물이 담긴 것을 알고 그 물을 마시고 다시 잠이 들었다. 그런데 이튿날 아침 깨어보니 전날에 마신 물은 해골에 담긴 액체였다. 그 사실을 안 원효는 욕지기를 하고 마셨던 물을 토해냈다. 그러면서 큰 깨달음을 얻었다.

해골 물인 줄 모르고 마셨을 때는 시원한 단 물이었는데 해골 물인 줄 알고 나니 욕지기가 나서 토해낼 수밖에 없었다. 같은 물인데 왜 이렇게 다른가? 그것은 알고 모름의 마음 작용 때문이다. 그 순간 원효 스님은 일체 만사가 마음의 작용, 일체유심조一切唯心造임을 확연히 깨달았다.

"마음이 일어나니 갖가지 현상이 일어나고, 마음이 사라지니 현상도 사라짐을 알았다. 모든 것이 마음의 작용인데 어디에 가서 무엇을 배운다는 말인가? 신라에 없는 진리가 당에 있을 리 없고,

당에 있는 진리가 신라에 없을 리 없다."

이렇게 갈파한 원효는 당의 유학을 포기하고 신라로 돌아와 일생 동안 신라를 떠나지 않았다. 위의 얘기는 우리 모두가 잘 아는 원효 스님의 해골 물 얘기다.

의상 스님 역시 당 유학에 실패한 이후 10년 정도 서라벌에 머물면서 자신의 공부에 매진했다. 그러면서 다시 당나라로 갈 수 있는 기회가 오기를 기다리고 있었다. 넓은 세상에 나가서 깊은 공부를 하고 싶은 열망을 떨쳐버릴 수 없어서였다.

특히 백제 법명 비구니가 일본에 가서 《유마경》을 독송해 환자를 구해주고, 일본 안에 유마회를 만들어 일본인을 지도하고 있다는 소식은 의상 스님에게 신선한 자극제가 되었다. 깊은 공부를 하지 않으면 제자들을 지도할 수 없고 제자들을 지도하지 못하면 부처님의 혜명을 펼칠 수 없다는 게 의상 스님의 생각이었다.

그렇게 10년 정도의 세월이 흘러갔을 때 의상 스님은 마침내 당나라 유학길에 다시 오를 수 있는 기회를 얻었다. 그것은 당에서 온 사신을 따라 그와 함께 배를 타고 당에 갈 수 있게 되어서였다. 그해는 문무왕 원년 661년이고, 신라가 백제를 멸망시키고 백제를 신라에 복속시킨 다음 해였다.

당항성에서 배를 타고 중국 양주로 온 의상 스님은 양주 성주 유지인의 환대를 받으며 그의 집에서 며칠 머무르게 되었다. 중국 사신을 따라 당나라로 온 것이나, 양주 성주의 환대를 받고 그의 집에 머무른 것으로 보면 그 당시 의상 스님은 이미 스님으로서의 높은 위상을 지니고 있었던 듯싶다. 타국 성주의 집에서 환대를 받으며 머무르게 된 의상 스님은 뭔가 자신도 보답을 해야겠다는 생각에 그의 가족들을 모아 놓고 법문을 했다. 그러자 모두 환희심에 젖어 스님의 법문을 들었는데 그 중에서도 특히 성주 딸 선묘는 상기된 얼굴로 눈을 반짝이며 스님의 법문을 경청했다.

훗날 호법신장이 되어 의상 스님의 불사佛事를 도운 선묘와의 인연은 이때 처음 맺어졌다. 선묘의 가슴속에서 자신을 향한 연모의 정이 타오르고 있음을 안 의상 스님은 서둘러 양주성을 떠나 처음 목적했던 종남산 지상사로 향했다.

양주성에서 종남산 지상사까지 거리가 얼마인지, 그 길을 얼마 동안 걸어서 도착했는지는 알 수 없다. 중국은 성 하나가 한반도 만 한 것도 여럿 있다 하니 성에서 성으로 옮겨가는 일이 쉽지는 않았을 것이다. 아무튼 의상 스님은 이렇게 쉽지 않은 길을 걷고 걸어서 마침내 종남산 지상사에 도착했다. 의상 스님이 지상사에 도착한 것은 해질 무렵, 특이한 옷을 입고 걸망을 메고 걸어오는 낯선 스님을 본 시자스님이 쫓아왔다.

"혹시 해동에서 오신 스님 아니십니까?"

"그렇소. 나는 신라에서 온 의상이라 하오."

"화상께서 스님을 기다리고 계십니다. 어서 가십시다."

시자스님은 마음이 급한 듯 의상 스님이 멘 걸망을 벗기며 말했다.

"화상께서 나를 기다리신다니 그게 무슨 말이요?"

의상 스님이 어리둥절해 하며 묻자,

"지엄화상께서 아까서부터 스님을 기다리고 계시오."

"지엄화상이라면 두순대사 제자를 말씀하시는 건가요?"

"그렇소. 황제가 오셔도 앉아서 맞이하는 스님이시오. 내가 시자로 10년 넘게 살고 있지만 이렇게 몸소 나와서 손님을 기다리는 건 처음 보았소."

시자스님이 의상 스님 걸망을 들고 급히 걸음을 옮기며 말했다.

"지엄화상이 나 같은 사람을 밖에 나오셔서 기다리신다니 황감하오. 그런데 왜 나를 기다리시는가요?"

의상 스님이 어리둥절해 묻자,

"꿈 때문이라고 하오. 그냥 좋은 꿈을 꾸셨다고만 말씀하셨소."

시자의 말로 미루어 봐 지엄화상은 시자한테 꿈 얘기는 하지 않았던 것 같다. 하지만 후일 수많은 사람들이 그 꿈의 내용을 알고 있으니 여기서 지엄화상이 꾼 꿈 얘기를 하고 넘어가자.

전날 밤 지엄화상이 잠자리에서 꿈을 꾸었는데, 해동에 있는 나무 하나가 줄기와 가지를 뻗으며 하늘을 덮더니 그 중 한 가지가 중국 종남산으로 넘어와 지상사 앞에서 멈추었다. 그런데 그 가지 위에 있는 둥지에서 눈부신 빛이 뿜어져 나와 지엄화상이 올라가 보니 봉황이 품었던 알에서 빛이 뿜어져 나오고 있었다.

'마니보주로구나.' 지엄화상은 감격해하며 그 알을 가슴에 품고 나무에서 내려왔다. 꿈에서 깨어난 지엄화상은 해동에서 귀한 손님이 올 것임을 알고 설레는 마음으로 하루를 보내다가 해가 지려하자 마당에 나와서 기다리고 있었다.

이런 지엄화상이고 보니 의상 스님을 맞이하는 마음이 어떠했을까는 짐작이 가고도 남는다. 지엄화상은 의상 스님의 절을 받고 난 후 바로 제자가 되도록 허락했다. 수려한 외모, 맑은 선정, 빛을 뿜어내는 마니보주처럼 고요히 지혜의 빛을 뿜어내는 두 눈, 지엄화상은 의상 스님을 마니보주처럼 귀히 여기며 가르침을 폈다.

지엄화상과 의상 스님이 스승과 제자의 연을 맺고 공부한 경전은 《화엄경》, 의상 스님은 종남산 지상사에 8년간 머무르면서 지엄화상으로부터 《화엄경》을 배웠다. 그때 의상 스님보다 열아홉 살 아래인 젊은 거사가 의상 스님과 함께 《화엄경》을 공부했는데 그 거사가 바로 훗날 측천무후의 권유에 따라 스님이 된 법장 현수다. 현수는 범어를 잘 했기 때문에 의상 스님이 《화엄경》을 해석하면 그 해석을 범어로 풀이해주곤 했다.

중국 화엄종의 2대 종주인 지엄화상으로부터 8년간 《화엄경》을 공부한 의상 스님은 스승의 뒤를 이을만한 화엄종의 대가가 되었음을 모든 사람들이 인정했다. 의상 스님 자신도 《화엄경》의 요체를 증득했다는 판단이 들어 80권 《화엄경》 중에서 정수만 뽑아 게송을 만들었다. 누구나 쉽게 《화엄경》의 요지를 알게 하기 위해

서였다. 한 달여 이상 고심해서 만든 게송을 들고 스승인 지엄화
상을 찾아갔다.

"제가 그동안 공부한 《화엄경》의 요체를 정리해 보았습니다.
《화엄경》의 본뜻과 부합한지 아닌지를 증명해 주십시오."

의상 스님이 이렇게 말하며 가지고 온 게송을 스승 앞에 내놓
았다.

"이건 아주 중요한 일이니 부처님께 직접 증명을 받도록 하세."

지엄화상은 이렇게 말하며 게송을 들고 법당으로 갔다. 그러자
의상 스님도 스승의 뒤를 따라 함께 법당으로 들어갔다. 법당 안
으로 들어온 지엄화상은 부처님께 공손히 삼배를 드리고 게송을
들고 불단 앞으로 나아갔다.

"부처님이시여, 이 게송이 《화엄경》의 요체와 부합하면 타지 않
게 하여 주시고 그렇지 않으면 타게 해주십시오."

지엄화상이 이렇게 말하고 나서 게송에 불을 붙이자 일부 글
자만 남고 나머지는 모두 불에 타버렸다.

"아직은 부족하니 더 다듬어보게."

지엄화상은 이렇게 말하고 나서 법당 밖으로 나갔다.

의상 스님은 타지 않은 글자만 따로 모아서 방으로 가지고 왔
다. 그리고 식음을 전폐하고 열흘 동안 방 밖을 나오지 않은 채 게
송을 다듬었다. 게송이 다듬어지자 의상 스님은 다시 게송을 들
고 스승인 지엄화상을 찾아갔다. 그러자 지엄화상은 전날처럼 게

송을 들고 법당으로 가서 부처님께 고하고 불을 붙였다. 그런데 이번에는 한 글자도 타지 않고 210자가 고스란히 남았다.

"부처님이 증명해 주셨으니 이 게송을 널리 펴서《화엄경》의 요체를 많은 사람들이 알도록 하게."

지엄화상이 부촉했다.

"그렇게 하겠습니다."

의상 스님은 지엄화상에게 공손히 삼배를 드리고 불단에 있는 210개의 글자들을 모아 가지고 방으로 돌아왔다. 의상 스님의《화엄경》공부가 끝났음을 부처님과 지엄화상이 함께 증명해준 감격적인 순간이었다. 그로부터 3개월 후 지엄화상은 열반에 들었다. 제자에게《화엄경》을 전수해준 것으로 자신의 책무를 다했다고 생각한 듯이.

스승이 떠나자 의상 스님은 지엄화상이 했던 일을 대신하며 지상사에 머물러 있었다. 그러면서 남산율종의 개조인 도선율사와의 교우도 계속 이어갔다.

의상 스님은 종남산에 머무른 동안 지엄화상으로부터《화엄경》을 공부하는 한편 도선율사를 통해 계율을 공부했다. 계율은 석가모니 부처님이 제자들에게 직접 준 것인 만큼 출가수행자라면 반드시 해야 할 공부 중의 하나다. 의상 스님이 스승이 떠난 빈자리를 채우며 지상사에 머물러 있을 때 김인문이 찾아왔다.

김인문은 태종 무열왕의 둘째 아들이며 문무왕의 친동생이다.

어려서부터 학문을 좋아하고 활쏘기와 말타기를 잘했다. 쾌활하면서도 따뜻하고 자상해서 주위 사람들로부터 존경을 받고 있었다. 660년 나당 연합군이 조직되자 김인문은 당군의 부사령관인 신구도부대총관으로 사령관 소정방과 함께 백제 징벌에 나섰다. 기벌포에서 백제군을 격파했고, 7월에는 김유신이 이끄는 신라군과 연합하여 백제를 멸망시켰다. 그 당시 백제는 잦은 전쟁으로 지배층이 분열돼 있었고 백성들의 생활도 몹시 궁핍해서 국력이 약화돼 있었다.

김인문은 665년 당나라로 가서 우요위대 장군이 되었고, 668년에는 대당총관이 되어 고구려 정벌에 나섰다. 신라군 사령관으로서 이적이 이끄는 당군과 합세해 9월에 평양성을 함락하고 고구려를 멸망시켰다. 그 공로로 대각간이 되었다. 그 뒤 계속 당에 머물면서 당과 신라 간에 대립과 분쟁이 있을 때면 그 조정 역할을 했다.

"스님, 얼른 신라로 돌아가서서 당 태종이 신라를 공격할 준비를 하고 있다고 왕에게 알려 주십시오."

김인문이 다급하게 말했다. 당나라와 연합해 백제와 고구려를 복속시킨 신라는 당군을 몰아내려 했고, 신라와 연합해 삼국을 통일한 당은 신라까지 포함한 삼국을 자신들이 몽땅 통치하려 했다. 이렇게 이해관계가 서로 상충하고 있는 두 나라는 일촉즉발의 위기 상황에 놓여 있었다.

"알겠습니다. 바로 신라로 돌아가겠습니다."

이렇게 해서 의상 스님은 10년간의 당나라 생활을 접고 고국 신라로 돌아왔다. 현수는 물론 지상사 스님들도 의상 스님이 지상사에 계속 남아 화엄종을 이끌어주기를 바랐으나 의상 스님으로서는 그렇게 할 수가 없었다.

의상 스님이 신라로 되돌아가는 길에 그 유명한 선묘 낭자의 얘기가 다시 등장한다. 의상 스님이 신라로 돌아가기 위해서는 양주에서 배를 타고 당항성으로 가야 한다. 올 때와는 당연히 반대가 될 수밖에 없다. 의상 스님이 종남산에 머물러 있는 동안 선묘는 탕약과 의복을 보시하며 의상 스님의 공부를 도왔다고 한다.

그 진위는 알 수 없지만 아무튼 의상 스님으로서는 양주까지 오고 보니 전에 신세를 졌던 유지인의 집에 들러서 인사를 하고 떠나고 싶었을 것이다. 그래서 유지인의 집에 도착해 보니 선묘는 옆집에 마실을 가고 없었다. 그래서 의상 스님은 선묘는 보지 못한 채 유지인 내외한테만 인사를 하고 배에 올랐다.

잠시 후 집으로 돌아온 선묘는 의상 스님이 다녀간 것을 알고 급히 궤짝 속에 간직해두었던 법복을 가슴에 안고 바닷가로 뛰어나갔다. 그 법복은 의상 스님이 공부를 마치고 신라로 돌아갈 때 드리기 위해 선묘 자신이 무명을 짜서 손수 지은 것이라고 한다. 바닷가에 나와 보니 배는 이미 저만큼 떠나고 있었다. 선묘는 의상 스님을 만날 수 없음을 알고 들고 온 법복을 바다에 던지고 자신도 바닷물 속으로 뛰어 들었다.

"내가 용이 되어 의상 스님의 뱃길을 지켜드리리라."

선묘는 스스로 의상 스님의 호법신장이 되기를 서원했고, 실제로 용이 되어 의상 스님이 탄 배가 무사히 당항성에 도착할 수 있도록 뱃길을 지켜주었다. 그러니까 선묘는 호법신장인 용의 모습으로 의상과 함께 신라 땅에 당도한 것이다.

신라로 돌아온 의상 스님은 자신의 본찰인 황복사에 머물렀다. 의상 스님이 당으로 가던 해는 문무왕 원년인 661년이고, 돌아온 해는 문무왕 11년인 671년이었다. 백제가 멸망하고 신라에 복속된 해가 660년이니까 의상 스님은 신라에 있을 때 백제가 멸망한 것을 봤다. 그리고 고구려가 멸망하고 신라에 복속된 것은 668년이니까 의상 스님이 신라를 떠나 있을 때 고구려가 멸망하고 신라에 복속돼 있었다. 그러니 국내 사정이 얼마나 혼란스러웠겠는가? 한 가문이 정적에 의해 멸망을 당해도 원한에 사무쳐 혼란을 불러 오는데 그것이 국가일 때야! 그 국가가 하나가 아니고 둘일 때야! 거기에 당나라의 야심까지 겹쳐 있었음에야!

전쟁의 참화 중에서도 가장 처참한 참화는 병사들의 몰살이다. 아군이든 적군이든 수없이 많은 병사들이 죽어나가는 것이 전쟁이다. 인간의 생명은 개체로 존재하지 않는다. 가족으로 친인척으로 얽혀서 존재한다. 그렇기 때문에 전쟁에서 생명을 잃는다는 것은 그 전쟁에 참여한 병사의 문제만이 아니다. 가족의 문제고 친인척 전체의 문제다. 더 나아가서는 백성 전체의 문제이기도 하다. 그건 아군이나 적군이나 마찬가지다. 삼국이 통일되었지만 수많은 백성들은 전쟁의 아픔 속에, 전쟁의 원한 속에 휩싸여 있었다. 그리고 백성들은 그것들이 가해오는 절망 속에서 허덕이고 있었다.

그런 현실을 목격한 의상 스님은 참담해졌다. 한 사람의 승려로서, 그것도 지도자 반열에 올라있는 승려로서 자신이 해야 할 일은 무엇인가? 무엇이어야 하는가? 고민하고 고민하던 의상 스님은 우선 전쟁의 참화로 깊은 실의에 빠져있는 수많은 사람들에게 삶의 용기를 갖게 하는 것이라고 생각하고 그 방법을 모색했다. 그러다가 찾아낸 것이 관세음보살이다. 관세음보살이야말로 일체중생의 고통을 덜어주려는 원을 세우시고, 그 일을 실천하고 계신 보살님이 아니신가!

* * *

대국통의 소임을 맡고 불교계 전체를 통솔하고 있던 자장율사도 같은 고민에 잠겨있었다. 그래서 스님은 우선 우리 땅이 부처님이 상주하고 계신 불국토임을 입증하려 했다. 부처님은 계시지 않는 곳이 없다 하니 우리나라에도 상주하고 계시지 않을 리 없다. 자장율사는 우선 부처님을 위시해 수많은 보살이 우리나라에도 상주하고 계심을 믿게 하고 싶었다.

그래서 당 유학 시절 문수보살님으로부터 받은 석가모니 부처님의 진신 사리를 봉안함으로써 우리 땅에 석가모니 부처님이 계심을 입증하려 한 것이다. 자장율사는 선덕여왕에게 황룡사 9층탑을 건립하도록 건의한 다음 해에 양산에 통도사를 창건하고 금강계단을 만들어 거기에 석가모니 진신사리를 봉안했다. 석가모니 진신사리가 봉안됨으로써 석가모니 부처님이 우리 땅에 계시게 되었다.

같은 논리로 중국 오대산에 계신 문수보살이 우리나라에 안 계실 리 없다고 생각한 자장율사는 중국 오대산과 같은 이름인 우리나라의 오대산을 찾아 그 산에 문수보살진신과 5만의 옹호보살이 상주하고 계심을 입증했다. 불보살님이 우리나라에 상주함을 입증시켜 줌으로써 불교가 인도와 중국을 거쳐 우리나라에 들어온 외래 종교가 아니라 우리 종교임을 백성들한테 인지시켜 주려 했던 것이다.

원효 스님은 의상 스님이 신라를 떠나 있는 10년 동안 무슨 일을 하고 있었을까? 많은 기록에는 원효 스님이 의상 스님과 함께 당나라 유학길에 두 번 오른 것으로 되어있다. 하지만 설총의 출생을 감안한다면 그 설은 잘못된 것으로 보여진다.

원효 스님과 의상 스님이 처음 당 유학길에 오른 것은 650년(진덕여왕 4년)이다. 그리고 두 번째 당 유학길에 오른 것은 661년(문무왕 원년)이다. 그런데 설총이 태어난 해는 654년 혹은 655년으로 보고 있다. 그렇다면 원효 스님이 설총을 낳은 후에 두 번째 유학 길에 오른 것이 되는데 이건 논리적으로 맞지 않는다.

원효 스님이 이른바 해골 물을 마시고 일체가 마음의 작용, 유심조唯心造임을 깨닫고 당 유학을 포기하고 신라로 되돌아왔다고 했다. 그런 원효 스님이 아들을 낳은 몇 년 후에 다시 유학길에 올랐을 리가 있겠는가?

따라서 원효 스님이 의상 스님과 함께 당 유학길에 오른 것은 첫 번째 한 번뿐이었고, 고구려 순라군에게 잡혀 신라로 되돌아오는 길에 해골 물 사건을 경험한 것으로 봐야 한다. 그 경험을 계기로 원효 스님은 깨달음을 얻었고, 깨달음을 얻은 원효 스님 가슴은 태풍의 회오리가 몰아쳤을 것이다. 그래서 스님 자신이 파격적인 행동을 할 수밖에 없었고, 스스로의 마음 작용을 확인하고 싶은 강한 욕구도 느꼈을 것이다. 그런 일련의 과정 속에서 요석공주와의 파계 사건도 있었으리라고 추정된다.

신라의 삼국통일은 많은 변화를 불러왔다. 그 변화 중 하나가 불교의 변화다. 불교는 앞에서도 언급했듯이 왕실이나 귀족 같은 특권층이나 지식인들에 의해서 수용되고 전파되었다. 그러다가 삼국이 통일되고 새로운 질서가 요구되자 불교가 백성들 속으로 자연스럽게 스며들게 되었다. 그 일을 주도한 스님들이 당대 최고의 고승이면서도 제도권 밖에 머물러 있던 혜공, 혜숙, 대안 같은 스님들이었다.

원효 스님은 스스로 소성거사라고 자처하면서 광대 옷을 입고 허리에는 뒤웅박을 차고 천촌만락을 누비고 다니며 '나무아미타 불南無阿彌陀佛'을 부르고 다녔다. 귀가 있고 입만 있으면 누구나 따라 할 수 있는 '나무아미타불'을 부르게 함으로써 모든 사람이 아미타부처님의 품 속으로 귀의하게 하려 한 것이다. 그리고 또 '모든 것에 걸림이 없는 사람이 생사의 굴레를 벗어나도다'라는 무애가無碍歌를 부르고 다니면서 사람들로 하여금 따라 부르게 했다. 불교의 요지를 짧은 노래로 가르쳐 준 것이다.

원효 스님은 자신을 묶고 있던 모든 굴레를 벗어던지고 스스로 자유인이 되어 하층민 속으로 내려왔다. 제도권 밖으로 튕겨져 나와 제도권 밖의 스님들과 합류한 것이다. 이것이 의상 스님이 당 유학을 마치고 돌아왔을 때 변화된 원효 스님의 모습이었다.

당에서 10년간 유학을 마치고 돌아온 의상 스님은 불교가 변화의 파고 속에서 몸부림치고 있음을 보았고, 그 선두에 원효 스님이 서있음도 보았다. 그리고 전쟁의 소용돌이 속에서 백성들 가슴에 각인된 원한과 절망도 보았다.

'이 시점에서 내가 할 일은?'

의상 스님은 자신에게 묻고 또 물으면서 며칠을 보냈다. 그러던 스님은 자신이 찾아냈던 관세음보살을 다시 떠올렸다. 내가 관세음보살님을 직접 친견하면 이 땅에 관음신앙을 펼칠 수 있다. 그러면 모든 백성이 관세음보살의 가피로 고통에서 벗어날 수 있다는 희망을 가지게 될 것이다. 지금 내가 해야 할 가장 시급한 일은 바로 그 일이다. 그 일부터 하자.

의상 스님은 두 주먹을 지그시 쥐며 자신을 향해 힘차게 말했다.

4
의상,
관세음보살을
친견하다

의상 스님은 제자 표훈 스님만을 데리고 황복사를 떠났다. 관세음보살 진신은 바닷가에 계신 것으로 되어있다. 관세음보살의 진신이 머물러 계신다는 인도의 보타낙가산도 바닷가에 면해있다. 그렇다면 우리나라 바닷가 어딘가에도 관세음보살님이 상주하고 계실 것이다.

　황복사를 떠난 의상 스님은 동해바다로 나가 북쪽으로 발길을 돌렸다. 해변을 따라 올라가면서 관세음보살님이 계신 상주처를 찾기 위해서였다. 그 당시 동해 해변을 따라 북쪽으로 이어지는 길이 나있을 리 없다. 특히 삼국이 서로 국경을 만들어 놓고 각축전을 벌이고 있었기 때문에 더욱 그랬다. 의상 스님과 표훈 스님은 길이 나있으면 길을 따라, 길이 없으면 언덕이나 산을 넘으며 북쪽으로 한 발 한 발 걸음을 옮겼다. 그러면서 두 스님은 관세음보살님을 친견할 수 있게 모습을 드러내 주시기를 기도 드렸다.

관세음보살을 친견해야 하는 것은 의상 스님에게 있어선 절체절명의 명제였다. 신라의 백성 안에는 고구려 백성, 백제 백성이 한데 어우러져 있다. 삼국의 백성이 어우러져 있는 것이 이제 신라의 백성이다. 이 백성들이 자신들이 안고 있는 고통에서 벗어나 새로운 희망을 가지게 하는 것, 의상 스님은 관음신앙을 통해 그 일을 하려 한 것이다.

의상 스님과 표훈 스님이 며칠을 걸어서 양양까지 온지는 정확히 알 수가 없다. 황복사에서 양양까지는 약 300km, 750리가 넘는 길이다. 그리고 그 길은 흙길이고 자갈길이고 거칠기가 한이 없는 비탈길이고 산길이다. 그 길을 두 스님은 숙식을 해결하며 걸어왔을 것이다. 그렇게 감안한다면 약 20일에서 한 달 정도 걸려서 양양에 도착하지 않았을까 짐작해본다.

양양에 온 의상 스님은 주위를 천천히 둘러보았다. 밝은 기운이 가득 차있는 고을, 가슴이 벅차오르며 두근거려졌다. 그때 표훈 스님이 달려와 황급히 말했다.

"이 고을에 낙산이라는 지명이 있답니다."

"그게 정말인가?"

의상 스님 표정이 환하게 밝아졌다.

"저쪽 바닷가를 낙산이라고 하는데 아주 오래전서부터 그렇게

66

불러왔답니다."

낙산, 관세음보살님이 상주하고 계신 곳의 지명은 낙산이다. 아주 오래전서부터 그렇게 불러왔다면 거기가 관세음보살의 상주처임이 틀림없다. 두 스님은 동해 바닷가를 따라 올라오며 새로운 고을이 나오면 "혹시 여기에 낙산이라는 지명이 있습니까?" 하고 물으며 왔다. 그런데 그 낙산이 이 고을에 있다는 것이다. 제자의 말을 들은 의상 스님도 가슴이 뜨거워졌다. 관세음보살님을 친견할 수 있을 것 같은 예감이 들었다.

두 스님은 낙산이 있다는 쪽으로 걸음을 옮겼다. 한 발 한 발 걸음을 옮길 때마다 경건함이 느껴지면서 가슴이 설레었다. 논길을 지나고 오솔길을 지나서 바닷가 쪽으로 걸어갈 때 파랑새 한 마리가 앞에서 호록호록 날아갔다. 높지도 낮지도 않게 두 스님의 눈높이에 맞춰서 날고 있는 파랑새를 보고 있던 두 스님은 그 새가 자신들을 안내하고 있음을 알았다. 그래서 더욱 경건하게 마음을 모으고 걸음을 옮겼다. 바다가 가까워지자 파도 소리와 함께 바다 내음이 밀려왔다.

두 스님이 비탈진 언덕을 올랐을 때 일망무제로 탁 트인 바다가 눈앞에 드러났다. 아! 여기구나. 의상 스님은 두 손을 모아 합장하고 경건한 마음으로 주위를 둘러보았다. 알 수 없는 신비감 속에서 관세음보살님의 숨결이 맡아지는 것 같았다.

"우리가 찾던 곳이 여기인 것 같네. 나는 여기서 칠주야 동안 기도를 할 테니 자네는 편하게 자네의 시간을 가지도록 하게."

의상 스님이 제자를 돌아다보며 말했다. 칠주야 동안 기도를 한다는 것은 칠주야 동안 음식을 입에 대지 않겠다는 뜻이고, 잠을 자지 않겠다는 뜻이고, 말을 하지 않겠다는 뜻임을 표훈 스님은 알아들었다. 그래서 네, 하고 스님 가까이서 물러났다. 의상 스님이 여기까지 온 일련의 과정을 잘 알고 있는 표훈 스님으로서는 스승에게 방해가 되지 않게 하는 것이 자신의 도리라고 생각하며 몸을 돌렸다.

혼자 남은 의상 스님은 고요히 정좌하고 삼매에 들었다. 바위에 부서지는 파도 소리가 세상을 삼킨 듯 스님 귀에는 파도 소리 밖에 들리지 않았다. 흡사 파도 위에 떠있는 것 같았다. 호흡을 들이마시고 내쉬고, 호흡을 들이마시고 내쉬고, 호흡을 들이마시고 내쉬고…… 시간이 경과함에 따라 파도 소리가 잦아들고 스님의 내면도 고요해졌다.

관음대성의 지혜는 둥근 거울과 같습니다.
그 지혜는 청정하고 밝아서 시방세계에 두루 비추며
넓고 텅 비어 드러나지 않음이 없습니다.
이제 제가 대성의 지혜 속에 들어가
십원十願과 육향六向을 원만히 성취하여
대성이 천수천안으로 일체중생을 제도하듯,

저 또한 그와 같이 일체중생을 제도하려 합니다.
부디 성스러운 모습을 나투시어
저의 발원을 증명하여 주옵소서.
관음대성이 아미타부처님을 받들어 모시는 것 같이
저 또한 관음대성을 머리 위에 받들어 모시며
영원토록 스승으로서의 예경 올리겠습니다.

의상 스님은 무릎을 꿇고 합장한 채 간절한 마음으로 기도했다. 기도하고 또 하고, 시간이 흘러갔다. 물이 흙벽에 스며들어 벽을 무너뜨리듯 파도가 자신 속으로 스며들어 자아의 벽을 무너뜨리고 있음이 느껴졌다. 그러면서 망망대해와 자신 사이에 아무 간극이 없다는 의식이 들었다.

그때 스님 앞에 파도가 출렁이는 바위 위에 한 발을 디디고 서서 합장한 채 간절히 기도 드리고 있는 자신의 모습이 보였다. 의상 스님은 눈을 뜨고 주위를 둘러보았다. 자신은 언덕 위에 앉아서 기도를 드리고 있는데 환영 속의 자신은 파도가 출렁이는 바위 위에 한 발로 서서 기도를 드리고 있었다.

어리둥절한 얼굴로 생각에 잠기던 의상 스님은 자리에서 일어났다. 파도가 출렁이는 바위 있는 데로 내려가야 한다는 것을 알아챘기 때문이다. 그때 소나무 가지 위에 앉아있던 파랑새가 따라 일어나듯 호르륵 날아서 의상 스님 앞에서 날갯짓을 했다. 의상

69

스님은 미소를 지으며 파랑새를 바라봤다. "네가 다시 나를 안내하러 왔구나." 의상 스님은 이렇게 중얼거리며 파랑새를 따라 언덕 아래로 내려갔다. 파랑새는 바닷가로 날아갔고 의상 스님은 사람이 다니지 않았던 오솔길을 아슬아슬하게 걸으며 파랑새를 따라 걸음을 옮겨 놓았다. 그렇게 앞에서 날아가던 파랑새는 마침내 기암괴석이 서있는 굴 속으로 호르륵 날아서 들어갔다. 의상 스님은 잠시 서서 파랑새가 날아간 굴을 바라보았다.

"저 안에 관세음보살님이 계심이 틀림없다. 여기가 내가 찾던 관세음보살님의 상주처다."

의상 스님은 확신에 차서 말했다. 그러던 의상 스님은 주위를 두리번거려 보다가 파도가 출렁이는 한 바위를 찾았다. 흡사 용머리 같이 생긴 바원데 그 위로 파도가 출렁이고 있었다.

"저 바위 위에 한 발로 서서 관세음보살님이 모습을 나투어주실 때까지 기도하리라."

의상 스님은 스스로 이렇게 결심하고 바위 쪽으로 내려갔다. 사람의 발길이 한 번도 닿아 본 적이 없는 것 같은 해변은 신비감과 경건함으로 가득 차 있었다. 바위까지 온 의상 스님은 주위를 둘러보며 심호흡을 했다. 파도가 출렁이는 바위 위에서 한 발을 딛고 서서 기도 하다가 잠시 망상이 들면 그대로 바닷물 속에 빠지고 만다. 목숨을 건 기도였다. 나는 지금 원한과 절망에 빠져 있는 백성들을 구하기 위해 목숨을 걸 각오가 되어 있는가? 자신을 향해 자문해 보던 의상 스님은 힘차게 머리를 끄덕였다. 그 결심에는 추호도 의심의 여지가 없었다.

'저 바위 위에 한 발로 서서 칠주야만 기도를 드려보자. 관음대성께서 내 기도를 섭수하시면 모습을 나투실 것이고 그렇지 않으면 나는 저 파도 속으로 떨어지게 될 것이다.'

의상 스님은 이렇게 생각하며 바위 위로 내려갔다. 바지를 걷어 올리고 한 발로 바위 위에 서자 파도가 밀려와 발목을 치고 밀려갔다. 그리고 곧이어 파도가 밀려와 발가락만 간질이다가 밀려갔다. 그리고 다시 파도가 밀려와 정강이를 치고 밀려갔다. 의상 스님은 센 파도는 자신의 허리까지, 더 센 파도는 어깨나 머리 위까지도 치고 갈 수 있다는 생각이 들었다. 목숨을 건 상황이었다. 잠시 호흡을 가다듬은 의상 스님은 한 발로 서서 조금 전 언덕에서 했던 기도를 다시 반복했다.

관음대성의 지혜는 둥근 거울과 같습니다.
그 지혜는 청정하고 밝아서 시방세계에 두루 비추며
넓고 텅 비어 드러나지 않음이 없습니다.
이제 제가 대성의 지혜 속에 들어가
십원과 육향을 원만히 성취하여
대성께서 천수천안으로 일체중생을 제도하듯,
저 또한 그와 같이 일체중생을 제도하려 합니다.

부디 성스러운 모습을 나투시어

저의 발원을 증명하여 주옵소서.

관음대성이 아미타부처님을 받들어 모시는 것 같이

저 또한 관음대성을 머리 위에 받들어 모시며

영원토록 스승으로 예경 올리겠습니다.

낮이 가고 밤이 되었다. 밤이 가고 낮이 되었다. 눈부신 햇빛과 칠흑 같은 어둠이 교차되었다. 그렇게 칠주야가 되던 날 새벽, 의상 스님은 자신의 발이 스르르 미끄러져 바다 위에 떠있는 것이 느껴졌다. 바다 위에 떠있는데 바위 위에 서있는 것처럼 몸이 꼿꼿하게 세워져 있었다. 그러던 자신의 몸이 바다 위로 스르르 미끄러져서 굴 속으로 들어갔다.

그때 눈이 부시게 아름다운 손이 굴 속을 가득 채우며 의상 스님 가까이로 왔다. 의상 스님은 황홀함을 느끼며 그 손에 예경 드렸다. 그러자 손에 드리워졌던 맑고 투명한 수정염주가 의상 스님 손에 살며시 쥐어졌다.

"이 손이 관음대성의 손이시라면 제게 모습을 보여주소서. 관음대성이 여기 계심을 세상 사람들한테 알리게 해주소서. 그리하여 원한과 절망에 빠져있는 저희 백성들이 그 원한과 절망을 딛고 일어나 새로운 희망을 가지게 해주소서. 관음대성께서 천수천안으로 백성들 하나하나를 어루만지며 행복한 나날을 살게 해주신다고 믿게 하소서. 백성들 모두가 고통에서 벗어나 새 희망을 가지게 해주소서. 관음대성이시여, 부디 제게 거룩한 모습을 나투시어 제 기도가 성취되었음을 증명해주소서."

의상 스님은 두 손을 모아 예경 올리며 간절히 기도했다. 그때 굴 속이 신비로운 향내로 가득 차며 서서히 밝아지기 시작했다. 의상 스님이 눈이 부시다고 느끼며 조금 몸을 뒤로 젖혔을 때 붉은 연꽃이 떠오르며 연꽃 위에 정좌하고 계신 금빛 찬란한 관세음보살님 모습이 보였다.

"관음대성이시여, 제게 모습을 나투어 주시다니요! 영원토록 대성을 스승으로 모시고 예경 올리겠나이다. 대성께서 천수천안으로 일체중생을 제도하듯 저 또한 그렇게 하고 싶습니다. 제게 그 방법을 일러주소서."

"이 위로 올라가면 쌍죽雙竹이 있을 것이요. 거기에 당우를 짓고 내 모습을 조성해 앉히시오. 그러면 많은 사람들이 내게로 찾아와 내 가피를 받게 되오. 거기가 내가 있는 곳이요."

관음대성으로부터 이런 소리가 들려왔다. 의상 스님은 관음대성의 존체를 한 번 더 보고 싶어 황망히 고개를 들었으나 관세음보살님의 모습은 시야에 들어오지 않았다. 그리고 향내와 빛도 스러지고 굴 속은 푸른 파도만 출렁이고 있었다.

모든 의식이 현실로 돌아온 의상 스님은 바다에 빠지지 않고 해변가로 나갈 일이 두려워졌다. 그 순간 스님의 몸은 바닷물 속으로 잠기기 시작했다. 그때 알 수 없는 손이 의상 스님을 밀어 해변가로 나가게 했다. 의상 스님이 어리둥절해 하며 자신을 밀어다 준 손을 들여다보려고 할 때 바닷속으로 미끄러져 가는 청룡의 등허리가 보였다. 아! 선묘. 의상 스님 눈시울이 붉어졌다.

"스님, 아 스님!"

표훈 스님이 울먹이며 의상 스님 발 아래에 엎드렸다.

"자네가……."

모든 의식이 현실로 돌아온 의상 스님은 비로소 제자의 모습이 눈에 들어왔다.

"스님을 다시 뵙지 못하는 줄 알았습니다. 바닷물 속에 빠져서 나오시지 못하는 줄 알았습니다."

표훈 스님이 울며 말하자,

"그럴 리가 있는가. 관음대성과 호법룡이 지켜주고 계신데."

의상 스님이 웃으며 제자를 내려다보았다. 웃고 있는 치아가 찬란한 빛을 뿜어내고 있었다. 표훈 스님은 스승의 치아를 황홀한 눈으로 바라보며 자리에서 몸을 일으켰다.

"관세음보살님은 친견하셨습니까?"

"친견했네. 여기에 징표가 있네."

의상 스님은 웃으며 들고 있던 수정염주를 보여주었다.

"마니보주를 실제로 보게 되어 감격스럽습니다."

표훈 스님은 눈이 부신 듯 한 발 뒤로 물러서며 말했다.

"우리 일은 이제부터 시작일세. 저 산 위에 올라가서 대나무부터 찾아보세."

의상 스님이 몸을 돌리며 말했다. 걸음을 옮기고 있는 스님 몸에서도 은은한 광채가 배어 나왔다. 표훈 스님은 황홀함과 설렘을 함께 느끼며 스승의 뒤를 따랐다. 대나무를 찾아보자니, 웬 대나무를 찾으시겠다는 건가? 하는 생각을 속으로 하면서.

* * *

산 위로 올라가 주위를 살피던 의상 스님은 조그만 계집아이를 발견하고 그 아이 가까이로 다가갔다.

"애야, 여기서 뭘 하고 있느냐?"

"친구 얼굴을 만들고 있어요."

계집아이가 고개를 들며 대답했다. 열 살쯤 됐을까? 동그스름한 사랑스러운 얼굴이었다.

"네 친구가 누군데 여기서 친구 얼굴을 만드느냐?"

의상 스님이 미소를 지으며 묻자,

"여기가 친구네 집이에요. 여기서 친구 얼굴을 만들면 친구가 나와요."

"그러면 부르면 되지. 얼굴을 만드는 것보다 부르는 게 훨씬 더 쉽지 않으냐?"

"그냥 얼굴을 만들면 돼요. 언제나 그랬어요."

계집아이는 고개를 숙이며 하던 일을 계속했다.

"언제부터 그랬는데?"

"언제부터인지는 저도 잘 몰라요. 아주 어렸을 때부터 그랬어요."

의상 스님은 아주 어렸을 때부터라는 말이 재미있어서, 너는 지금도 어린데……라는 말을 하려다가 이상한 생각이 들어서 계집아이 주위를 둘러보았다. 그러던 스님은 움찔하며 자신도 모르게 합장을 했다. 계집아이 등 뒤에 한 자쯤 되어 보이는 쌍죽이 꼿꼿하게 서 있었다.

"얘야, 조심해라. 대나무 다칠라."

의상 스님이 이렇게 말하며 계집아이 등 뒤로 가자,

"할아버지도 그만 말씀 하세요. 친구 얼굴을 못 만들겠어요."

계집아이가 고개를 쳐들며 말했다.

"할아버지라고, 하 하 하…… 처음 들어본 소린데 듣고 보니 기분이 좋구나."

의상 스님이 파안대소하며 말했다. 그러자 뒤에 섰던 표훈 스님이 어리둥절해 하며 의상 스님을 바라봤다. 스님 곁에서 늘 스님과 함께 해왔지만 이렇게 파안대소하는 모습은 처음 봐서였다.

"할아버지는 어디 사세요?"

의상 스님이 파안대소하자 계집아이도 기분이 좋은 듯 고개를 들며 물었다.

"나는 먼 데서 사는데 너는 어디서 사느냐?"

"저는 저 아래서 살아요."

계집아이가 팔을 쳐들고 아래쪽을 가리켰다.

"그럼 네 친구도 저 아래서 사느냐?"

"아니요. 친구는 여기서 살아요."

"아 참, 그렇다고 했지. 그런데 여기는 집이 없지 않느냐? 네 친구 집은 어디에 있느냐?"

"그냥 여기에요. 여기서 친구 얼굴을 만들고 있으면 와요."

"그러니까 너는 친구 이름을 부르는 대신 얼굴을 만드는구나."

"이름을 부르는 게 뭐예요?"

"그냥 이름을 부르는 거지. 의상아, 놀자. 이렇게 말이다."

"……"

의상 스님이 환하게 웃으며 말하자 계집아이는 눈을 깜빡이며 고개를 갸웃했다. 이름이라는 말 자체를 들어본 적이 없는 것 같았다.

"너는 집에서 누구하고 사느냐?"

"할아버지하고 살아요."

"할아버지하고만?"

"네."

"부모님은?"

"부모님이 뭐예요?"

"아니다. 그래 할아버지는 무얼 하시느냐?"

"자리 만드는 일을 하세요. 저희 할아버지가 만든 자리에 앉으면 모든 소원이 다 이루어진대요."

"소원이 다 이루어진다고? 너도 소원이라는 게 무슨 말인 줄 아느냐?"

"아니요. 그냥 사람들이 그렇게 말해서 알아요."

"소원이란 하고 싶은 걸 말하는 거다. 너는 소원이 뭐냐?"

"친구랑 노는 거요."

"여기 있는 친구하고 말이야?"

"네. 그런데 오늘은 할아버지 때문에 친구랑 놀지 못하겠어요. 할아버지가 자꾸 말을 시켜서 친구 얼굴을 못 만들었잖아요."

"미안하다. 그런데 애야, 이 할아버지는 아주 큰 소원이 있거든. 그래서 너희 할아버지가 만든 자리에 앉아보고 싶은데 나를 너희 집으로 안내해줄 수 있겠느냐?"

의상 스님이 간곡하게 말했다. 대나무를 확인한 의상 스님은 주변 환경을 자세히 알고 싶었다. 그래서 뭔가 신비함이 느껴지는 아이와 할아버지를 통해 자신이 알고 싶은 걸 확인해보고 싶었다.

"그럼 저를 따라오세요."

계집아이가 손을 털며 자리에서 일어났다. 친구 얼굴을 만드는 일은 포기한 듯 풀을 꼬아 만든 신을 신은 발을 산 아래로 돌렸다. 의상 스님과 표훈 스님은 거의 동시에 계집아이가 만들다 만 얼굴을 바라보았다. 천진난만한 아이 얼굴인데 아이 얼굴만은 아닌, 햇빛처럼 밝은 미소를 짓고 있는데 밝지만은 않은, 묘한 얼굴이었다. 의상 스님은 생각에 잠기며 흙으로 빚어놓은 얼굴을 바라보았고, 표훈 스님은 그런 의상 스님을 긴장한 얼굴로 바라보았다.

산 아래로 내려간 계집아이는 꼬불꼬불한 비탈길을 돌더니 조그마한 초막으로 들어갔다. 대나무로 집의 형태를 만들고 그 위에 흙을 발라 만든 작은 오두막집이었다.

오두막집이 초막으로 느껴지는 건 지붕 위를 덮고 있는 풀 때문이었다. 지붕 위에는 이름 모를 작은 풀들이 꽃을 피우기도 하고 바람에 한들거리기도 하면서 평화롭게 살고, 그 풀들 사이사이로 새들이 날아와 재잘거리기도 하고 고개를 박고 무언가를 조아먹기도 하면서 행복을 누리고 있었다. 지붕 위의 풀은 새들이 씨앗을 물고 와 퍼뜨린 것인 듯하고 거기서 자란 풀의 씨앗을 새들이 맛있게 먹으면서 함께 공존하고 있는 듯했다.

"할아버지 이리 오세요. 이게 우리 할아버지가 만든 자리예요. 가져 가시면 돼요."

계집아이가 쪽마루에 놓여있는 방석을 가리키며 말했다. 쪽마루에는 풀로 만든 방석이 여섯 개가 포개져 있었다.

"이건 자리가 아니고 방석이구나."

의상 스님이 방석 가까이 다가가며 말하자,

"방석이 뭐예요?"

계집아이가 눈을 크게 뜨며 되물었다.

"자리라는 건 사람이 눕는 걸 말하고 방석이란 건 사람이 앉는 걸 말……."

말하는 거란다, 라는 말을 하려던 의상 스님은 자신이 부질없는 분별을 하고 있음을 알고 입을 다물었다.

"아가냐?"

방에서 사람 소리가 들려왔다.

"네."

계집아이가 얼른 방문을 열며 대답했다.

"오늘은 일찍 왔구나."

"이 할아버지가 자리를 가지고 싶다고 해서 친구랑 놀지 못하고 왔어요."

계집아이가 의상 스님을 가리키며 말했다.

"거긴 사람의 발길이 닿지 않은 곳인데 누가……."

방 안의 노인이 혼잣말처럼 중얼거리며 밖을 내다봤다.

"저 어르신……."

표훈 스님이 얼른 방 가까이 다가가며 노인을 불렀다.

노인이 의상 스님과 표훈 스님을 번갈아 바라보더니 방에서 나왔다. 방 밖에 선 사람이 스님이어서인지, 아니면 뭔가 느껴지는 게 있어서인지는 알 수가 없었다. 노인은 의상 스님을 물끄러미 바라보더니 합장하며 말했다.

"저기 있는 제 방석을 다 가져다가 세상 사람들한테 고루 나누어 주십시오."

의상 스님은 말없이 노인을 주시했다.

"깊은 얘기는 나중에 나누시고 우선 스님한테 음식을 좀 드리시오. 음식을 입에 대지 않으신 지가 보름이 되셨소."

표훈 스님이 다급히 말했다.

"음식은 오늘 아침에도 잡수셨소. 그러니 음식 걱정은 안 하셔도 되오."

노인이 표훈 스님을 보며 미소를 지었다. 미소가 천진한 아이 같았다. 두 스님은 동시에 어리둥절한 표정을 지으며 노인을 주시했다. 어디서 본 얼굴인데…… 그러던 두 스님은 조금 전 계집아이가 만들었던 얼굴과 닮아있다는 것을 알아내고 긴장한 표정을 지었다.

"스님이 드시는 음식은 제가 차려 드리는데 음식을 차려 드리지 못한 지가 보름이 넘었소. 그런데 어디서 음식을 드셨단 말이오."

표훈 스님이 의아한 표정을 지으며 쳐다보자

"천공天供을 드셨소. 천신들이 공양을 올리니 걱정하지 않아도 되오."

노인이 다시 미소를 지었다. 노인의 얼굴에서 밝은 빛이 뿜어져 나왔다. 두 스님은 예사 노인이 아님을 알고 노인을 주시했다.

"방으로 들어오십시오. 여기서 방석을 만들면서, 내 방석을 다 가져갈 사람을 기다렸는데 오늘에야 그 바람이 이루어진 것 같소."

노인이 자신의 자리에 앉으며 말했다.

방 안엔 방석 만들 풀이 쌓여있고, 풀에서 뿜어져 나오는 향이 방 안을 가득 채우고 있었다.

"어디서 길상초吉祥草를 이리 많이 구하셨소?"

의상 스님이 풀을 둘러보며 말했다. 길상초란 말을 한 의상 스님도 그 말을 사용한 자신에 대해서 놀라고 있었다.

"새들이 날라다 주지요. 새들이 씨를 물고 와서 주위에 떨어뜨리면 거기서 싹이 나서 길상초가 되오."

노인도 길상초란 말을 자연스럽게 사용하고 있었다. 길상초란 석가모니 부처님이 보리수 아래서 대각을 이룰 때 깔고 앉으셨던 풀 방석이다. 6년간 혹독한 고행을 했지만 대각에 이르지 못하자 고타마 싯다르타는 고행으로는 마지막 깨침을 얻을 수 없음을 알고 함께 수행했던 다섯 비구와 헤어져 나이란 자나 강으로 내려 오셨다. 그 강에서 목욕하고 수자타가 공양 올린 우유죽을 드시고 기운을 차린 후 강을 건너 앉을 자리를 찾았다. 그때 강 언덕에서 풀을 베던 목부가 자신이 벤 풀을 한 다발 올리며 깔고 앉는 자리로 사용하라고 했다. 싯다르타는 그 풀을 받아들고 마지막 대각을 이룰 자리를 찾다가 큰 나무를 발견하고 그리로 가서 나무 아래에 풀을 깔아 자리를 만들었다. 거기에 앉아서 깊은 선정에 들어 마침내 대각을 이루고 석가모니 부처님이 되셨다. 대각을 이루실 때 깔고 앉았던 풀을 길상초라 하고, 대각을 이루실 때 앉았던 나무를 보리수라 한다.

"노인장께서는 방석을 가져다 세상 사람들한테 고루 나누어 주라고 하셨는데 그게 무슨 말씀이시오?"

"스님이 관음대성을 친견하고 여기로 오신 것으로 알고 있소. 세상 사람들한테 관음대성의 가피를 받게 하려면 관음대성의 마음자리를 알게 해야 하오. 스님이 관음대성을 친견하실 때의 마음을 가만히 생각해보면 마음자리라는 게 어떤 것인지 아시게 될 것이오. 나는 여기서 방석을 만들면서 사람들한테 그걸 알려주려고 애써 왔소. 이제 스님이 그 일을 맡아서 하시게 되었으니 세상 사람들이 고루 관음대성의 마음자리를 알게 하시어 가피를 받게 하시오."

"노인장은 누구시오? 왜 여기서 관음대성의 마음자리를 알게 하려고 애써 오시었소?"

"부처님 주위에는 한량없는 화신불化身佛이 함께하지요. 관음대성의 마음자리를 아는 사람은 관음대성의 화신불이 되어 성업을 함께 이루어 갑니다. 무량겁無量劫 동안 무량한 인연을 통해서지요. 이 땅에 관음대성이 나투실 인연이 되어 수많은 화신불이 모습을 드러내어 맡은 바 역할을 하는 것입니다. 저도 스님도 모두 다 같습니다."

"노인장께서 아신 관음대성의 마음자리는 어떤 것인가요?"

"지극한 연민, 그것이 관음대성의 마음자리지요."

"맞소. 지극한 연민이 관음대성의 마음자리요."

노인과 의상 스님은 서로 마주보며 강물 같은 미소를 지었다. 두 사람을 바라보며 관세음보살님도 같은 미소를 지으셨을 것이다. 지극한 연민, 그것이 인간에게 바치는 보살의 공양일 것임으로.

"이제 스님이 하실 일은 저 산 위에 관음대성을 모시는 법당을 짓는 것이요. 그래서 많은 사람들이 와서 관음대성의 가피를 받게 하는 것이요."

노인이 간곡하게 말했다.

"관음대성으로부터 부촉付囑을 받았으므로 나도 그리해야 한다는 것은 알고 있소. 하지만 여기는 처음 와 본 고을이라 아는 사람이 없소. 그래서 걱정이요."

"관음대성의 가피가 무엇입니까? 구함에 삿됨이 없으면 모든 원이 다 이루어지는 게 관음대성의 가피가 아닙니까? 불안한 마음을 거두십시오. 스님은 마니보주를 가지고 계시는데 걱정을 하시다니요."

"내가 마니보주를 가지고 있는 걸 어떻게 아시었소?"

"스님을 보는 순간 마니보주가 보였습니다. 그래서 관음대성을 친견하신 줄 알았지요. 관음대성께서 주신 마니보주는 관음대성과 같습니다. 모든 원이 다 이루어지게 합니다. 걱정 마시고 불사를 시작하십시오."

"그리하겠소. 저 산 위에 법당을 짓고 관음대성을 모시겠소. 남녀노소 누구나 와서 관음대성을 친견하고 가피를 받을 수 있도록 말이요."

의상 스님은 결심을 굳힌 듯 힘차게 말했다. 절망에 빠진 백성들이 희망을 가질 수 있고, 고통에 잠긴 백성들이 행복해질 수만 있다면 나는 몸을 으깨어서라도 법당을 짓고 관음대성을 모시리라!

* * *

사람들 입에서 관세음보살 명호가 불리기 시작했다. 그러면서 관세음보살을 부르면 관세음보살이 자신들이 부르는 소리를 듣고 마음속에 있는 소원을 다 들어주신다고 믿기 시작했다. 그런 관세음보살을 모실 집을 짓는다는 소문도 퍼져나가기 시작했다. 관세음보살이 편안히 계실 집을 짓는 일에 함께 힘을 보태면 가족 모두가 편안히 행복하게 살 수 있다는 소문도 나돌기 시작했다. 전쟁 통에 죽은 사람도 관세음보살에게 간절히 빌면 그 영혼이 극락세계에 가서 무량한 행복을 누리며 살게 된다는 소문도 함께 나돌았다. 그러자 사람들이 낙산으로 모여들기 시작했다.

권력을 누리는 사람, 권력이라곤 그림자도 보지 못한 사람, 곡간에 곡식을 쌓아 놓고 사는 사람, 하루 한 끼 먹을 곡식도 없는 사람, 건강한 사람, 병고에 시달리는 사람, 가족이 함께 모여 오순도순 사는 사람, 가족이 뿔뿔이 흩어져 깊은 상처를 안고 사는 사람…… 사람, 사람들 속에는 고구려인으로 전쟁에 나갔다 목숨을 잃은 사람들의 가족, 백제인으로 전쟁에 나갔다 목숨을 잃은 사람들의 가족, 신라인으로 전쟁에 나갔다 목숨을 잃은 사람들의 가족도 점차 늘어나기 시작했다. 그리고 전쟁터에서 부상을 당해 팔다리를 쓰지 못하는 사람들의 가족도 절망 한 보따리를 메고 모여들기 시작했다.

의상 스님은 그런 사람들을 보며 관세음보살의 마음자리가 연민임을 다시 확인했다. 고통에 대한 공명共鳴, 그게 연민이다. 연민이 없으면 사랑의 감정이 일어나지 않는다. 사랑의 감정이 일어나지 않으면 고통의 치유도 일어날 수 없다. 의상 스님은 자신을 찾아오는 사람들의 아픔을 공명하기 위해 마음을 청정히 가꾸려고 노력했다. 깨끗하고 깨끗해 먼지 한 톨도 남아있지 않아야 온전히 공명이 된다. 의상 스님은 처음 낙산에 와서 관음대성께 발원했던 그 발원을 수없이 되뇌며 관음대성의 성업을 함께 이루려 애썼다.

관음대성의 지혜는 둥근 거울과 같습니다.

그 지혜는 청정하고 밝아서 시방세계에 두루 비추며

넓고 텅 비어 드러나지 않음이 없습니다.

이제 제가 대성의 지혜 속에 들어가

십원과 육향을 원만히 성취하여

대성이 천수천안으로 일체중생을 제도하듯

저 또한 그와 같이 일체중생을 제도하려 합니다.

부디 성스러운 모습을 나투시어

저의 발원을 증명하여 주소서.

관음대성이 아미타부처님을 받들어 모시는 것처럼

저 또한 관음대성을 머리 위에 받들어 모시며

영원토록 스승으로 예경 올리겠나이다.

의상 스님은 처음 이 발원을 마음속으로 염원할 때, 부디 성스러운 모습을 나투시어 저의 발원을 증명하여 주소서, 하는 말을 뺄까? 하고 생각했다. 관음대성은 이미 모습을 나투어 주셨고 자신은 관음대성을 친견했기 때문이었다.

그러나 다시 생각해보니 관음대성이 모습을 나투시어 자신의 발원을 증명하여 주시는 것은 순간순간 이어져야 하는 역사役事이기 때문에 처음 발원 그대로 하기로 했다. 의상 스님은 이렇게 발원을 반복하면서 자신이 하고자 하는 일은 바로 관음대성의 성업을 함께 이루고자 함임을 알았다. 관음대성의 천수천안千手千眼

이 되어 일체중생을 제도하는 것, 그것은 스스로 관음대성의 화신불이 되고자 함이었다. 그것을 깨달은 순간 노인의 말이 확연히 이해되었다. 관음대성이 이 땅에 나투실 인연이 되어 수많은 화신불이 함께 등장해 있다는 것, 관음대성은 햇빛처럼 머물지 않은 곳이 없으시지만 중생들에게는 진신을 보여주심으로 당신의 존재를 믿게 해준다. 그것이 '나투심'이다.

낙산 언덕은 수많은 벌들이 날아와 꿀을 만들듯 수많은 사람들이 자재들을 날라다 관음대성을 모실 법당을 만들고 있었다. 의상 스님의 지휘 아래 법당이 삼분의 일쯤 지어졌을 때 강릉태수가 문무왕이 보낸 서신을 들고 낙산으로 달려왔다. 의상 스님더러 급히 서라벌로 돌아오라는 내용이었다.

의상 스님이 관음대성의 상주처를 찾아 서라벌을 떠나던 해 당나라 장수 고간이 4만의 군사를 이끌고 평양에 진격해 여덟 개의 성을 쌓고 고구려 땅을 지배하려 했다. 그러자 고구려 부흥군을 이끌던 안승이 신라에 구원병을 요청했고, 신라 역시 당군을 고구려 땅에서 몰아내야 했으므로 안승을 도와 함께 당군과 맞서 싸워 수천 명을 사살했다. 그러자 당은 다시 대군을 내려 보내 고구려 부흥군 수천 명을 포로로 잡아갔다. 그러자 나머지 고구려 부흥군은 신라로 도망쳤다.

당은 포로로 잡은 고구려인을 백제 땅에서 편히 살게 해주겠다고 회유하며, 문무왕을 폐위 시키고 당에 와있는 왕의 동생 김인문을 신라왕으로 추대하려는 획책을 펴고 있었다. 국내 정세가 이렇게 급박하게 돌아가자 문무왕은 의상 스님을 서라벌로 돌아오도록 조치했다. 자신 가까이 계시게 하면서 지혜를 빌리기 위해서였다. 왕의 부름을 받은 의상 스님은 하던 불사를 표훈 스님한테 맡기고 서라벌로 되돌아가기로 결심했다. 관음신앙이 민중 속에 뿌리를 내리고 있고, 관음대성이 낙산에 상주하고 계심을 모두 믿게 되었기 때문에 자신이 떠난다 해도 별 지장이 없을 것 같았다. 의상 스님은 낙산을 떠나던 날 관음대성으로부터 받은 마니보주를 노인한테 넘겨주었다.

"노인장이 잘 간직하고 계시다가 불사가 완료되면 존상 가까이 모시도록 하십시오."

의상 스님이 품속에 간직하고 있던 마니보주를 내놓자 모두 눈을 가리며 한 발 뒤로 물러섰다. 눈이 부셔서 바라볼 수가 없었다.

"이 보주는 대성께서 스님께 주신 성스러운 보배니 스님이 간직하고 계십시오."

노인이 받으려 하지 않자,

"그렇게 하십시오. 마니보주는 관음대성 그 자체로 모든 원을 이루게 하는 신비로운 구슬이니 스님이 간직하고 계십시오. 서라벌로 돌아가시면 하실 일이 얼마나 많습니까."

표훈 스님도 아쉬움을 나타내며 말했다.

"아닐세. 이 보주는 낙산에 있어야 하네. 그래야만 여기가 관음대성의 상주처로 세상 사람들이 믿게 되네. 세세생생 절망에 빠진 사람들이 여기 와서 새로운 희망을 찾을 수 있고, 고통 속에 허덕이는 사람들이 여기 와서 새로운 행복을 찾을 수 있다면 그보다 더 중요한 일이 어디 있겠나? 보주는 여기다 모시도록 하게."

의상 스님은 이런 말을 하고 나서 걸망을 등에 멨다. 700리 길, 그 험한 길을 혼자 걸어서 서라벌로 되돌아가기 위해서였다. 그런 스승을 바라보고 있는 표훈 스님의 가슴은 조여 드는 것처럼 아팠다. 만사 제쳐 놓고 스승을 모시고 서라벌로 돌아가고 싶은 마음이 가슴속을 꽉 채웠다. 하지만 그럴 수가 없었다. 이렇게 해서 의상 스님은 낙산을 떠나고, 표훈 스님은 낙산에 남았다.

의상 스님이 떠나자 작은 오두막집엔 할아버지와 아가, 표훈 스님이 생활하게 되었다. 할아버지와 아가는 늘 해오던 대로 그들이 만든 가루로 식사를 했다. 곡식가루와 솔잎가루를 섞어 만든 생식인 것 같은데 표훈 스님은 그것만으로는 식사를 할 수 없었다. 처음엔 표훈 스님도 그들이 먹는 생식 가루를 먹으며 식사를 했다. 그러나 한 달 가까이 지나자 도저히 생식 가루만으로는 식사를 할 수가 없었다. 그래서 힘들어 하자 노인이 큰 나무 밑에 작은 솥단지를 걸어주고 거기서 밥을 해먹도록 배려해주었다. 말하자면 비바람을 피할 수 있는 임시 부엌을 만들어 준 것이다. 표훈 스님은 거기서 밥을 해먹고 불사에 동참했다.

이제 관음대성을 모실 법당을 짓는 일은 표훈 스님이 관장해야 할 몫이 되었다. 표훈 스님은 스승이 하던 대로 경건하고 엄숙하게 하루의 일정을 소화해갔다. 관세음보살을 향한 간절한 귀의가 사람들 가슴에서 가슴으로 들불처럼 번져나가자 사람들은 저마다 소원 하나씩을 가슴에 품고 낙산을 찾았다. 그러면서 꿀벌이 꽃가루를 날라 오듯 법당을 지을 수 있는 무언가를 날라다 주었다. 표훈 스님은 하루 일과가 끝나면 자신의 부엌에 와서 밥을 해 먹고 노인이 거처하는 오두막집으로 올라가 잠을 잤다.

하루하루 이런 생활이 반복되자 언젠가부터 아가가 따라와서 밥을 같이 먹게 되었다. 아가가 표훈 스님이 한 밥을 같이 먹게 된 것이 언제부터인지는 확실하지 않지만 아가는 할아버지와 표훈 스님 사이를 오가며 심부름을 하기 때문에 그날도 할아버지 심부름을 왔다가 밥을 같이 먹게 된 듯했다. 생식 대신 익힌 음식을 먹게 되면서부터, 아니 그거보다 한 달 한 달 시간이 흘러가면서부터 아가한테 변화가 오기 시작했다. 그것은 표훈 스님이 아가의 가슴을 채워가는 것이었다. 햇빛이 봉창으로 들어와 방 안을 가득 채우듯, 표훈 스님이 가슴속으로 들어와 아가의 마음을 채워가고 있었다.

표훈 스님이 있으면 집안의 냄새가 달라졌다. 전에는 길상초에서 뿜어져 나오는 향긋한 풀 향기가 집안을 가득 채우고 있었는데, 표훈 스님이 집에서 함께 생활하면서부터 표훈 스님한테서 풍겨오는 독특한 냄새가 집안을 반쯤 채우고 있었다. 그 냄새는 지금까지 경험하지 못했던 아늑함과 포근함이었다. 그리고 감미로움이었다. 아가는 풀 향기보다 표훈 스님한테서 풍겨지는 냄새가 더 좋았다. 그래서 표훈 스님 가까이서 표훈 스님을 맴돌며 하루를 보냈다. 표훈 스님도 그런 아가가 귀엽고 예뻤다. 배시시 웃는 아가의 얼굴을 보고 있으면 풀숲에서 방긋 웃는 풀꽃을 볼 때처럼 마음이 환하게 밝아졌다.

몇 차례 계절이 바뀌는 속에서 마침내 관음대성을 모실 법당이 완성되었다. 관음대성을 조성할 불모를 찾는 일이 여의치 않아 존상을 조성하지 못한 속에서 법당의 완성을 보게 된 것이다. 그래서 할아버지와 표훈 스님은 의상 스님이 두고 간 마니보주를 존상을 모실 자리 밑에 숨겨두는 것으로 존상을 모시는 일을 대신했다. 언제든 좋은 인연이 닿아 관음대성을 조성할 불모를 만나면 그때 조성해서 모시자고 합의를 보았다.

법당이 완성되자 표훈 스님은 법당불사에 참석한 신도와 함께 관음대성께 귀의하는 철야기도를 드렸다. 가슴을 옥죄는 절망과 고통, 사람들 가슴마다에 서려있는 절망과 고통이 없다면 관음대성은 중생 속으로 들어오지 않았을 것이다. 관음대성과 중생을 연결시켜 주는 고리는 절망과 고통이다. 법당을 가득 메운 사람들은 표훈 스님을 따라 '관세음보살'의 명호를 부르며 하룻밤을 같이 보냈다. 표훈 스님 옆에는 할아버지와 아가도 함께했다. 어둠이 걷히고 동해바다에 새벽의 서기가 드리울 때 표훈 스님은 기도를 끝내고 사람들에게 이렇게 말했다.

"관세음보살님은 우리들의 어머니십니다. 아이는 어머니를 통해 필요한 것을 얻습니다. 아이와 어머니 관계를 가만히 생각해 보시면 우리와 관세음보살님의 관계를 알 수 있습니다. 여러분들이 정말 힘들고 괴로울 때면 여기 오셔서 관세음보살님께 매달리십시오. 아이가 어머니에게 매달리듯이 말입니다. 그러면 여러분들이 당면하고 있는 절망과 고통에서 벗어나 새 희망과 행복을 얻게 될 것입니다. 관세음보살님에게 기도할 때는 삿된 마음을 가지고 있으면 안 됩니다. 삿된 마음이란 옳지 못한 마음, 다른 사람을 해롭게 하는 마음, 욕심을 가진 마음을 말합니다. 그런 마음을 가지고 기도를 드리면 관세음보살님이 들어 주시지 않습니다. 아이가 그런 마음을 가지고 어머니에게 아무리 떼를 써도 어머니가 들어주지 않는 것처럼 말입니다."

"……"

"진실한 마음으로 지극 정성을 다해 기도하십시오. 그러면 관세음보살님이 여러분들의 소원을 반드시 성취시켜 주실 것입니다. 여러분들 한 분 한 분이 관세음보살님의 가피를 받고 행복하시기를 이 소승은 간절히 기원 드립니다."

표훈 스님은 이렇게 말하고 나서 마니보주가 안치된 불단을 향해 일 배 일 배 삼배의 절을 했다. 절을 하고 있는 스님 뒷모습이 너무도 간절하게 느껴져서, 스님 뒷모습을 보고 있는 신도들은 순간적으로 가슴이 뭉클해지면서 눈시울이 붉어졌다. 흡사 자신들 한 사람 한 사람을 위해 관세음보살님께 간절히 매달리고 있는 것 같았다.

삼배를 마친 스님은 옆에 챙겨놓은 걸망을 메고 법당을 나갔 다. 그러자 신도들이 스님 뒤를 따라 나갔다. 자신들에게 관세음 보살님의 손을 잡게 해주고 떠나가는 스님, 스님과의 작별이 너무 도 허전해서 신도들은 할 말을 잃고 스님을 바라보기만 했다. 법 당 밖으로 나온 스님은 할아버지와 아가를 찾아 마지막 작별을 했다.

"낙산을 잘 지켜주십시오. 관음신앙의 꽃을 활짝 피워주십시 오. 많은 사람들이 관세음보살님의 가피를 받게 해주십시오. 그래 서 모두가 행복하게 살 수 있게 도와주십시오."

말을 마친 표훈 스님 눈가가 붉어졌다.

"여기 걱정은 마시고 편안히 돌아가십시오. 그리고 인연이 닿으 면 다시 한 번 오십시오. 제가 존상을 모셔 놓겠습니다."

노인도 깊숙이 고개를 숙이며 합장했다.

노인과 인사를 마친 표훈 스님은 아가 쪽으로 눈길을 돌렸다. 그러던 표훈 스님이 두 팔을 벌려 아가를 꼭 껴안았다. 눈물을 가 득 담고 쳐다보는 아가의 두 눈. 아가의 두 눈은 자신이 어린애가 아님을 호소하고 있었다.

"잘 있어라. 관세음보살님의 눈과 관세음보살님의 손이 되어 아파하는 사람들의 손을 잡아주어라. 나도 그리하면서 살아가겠다."

표훈 스님은 아가를 내려다보며 이렇게 말한 후 발길을 돌렸다.

'스님, 여기가 아파요. 너무 아파서 숨을 쉴 수가 없어요.'

아가는 자신의 가슴을 누르며 마음속으로 말했다. 그런 아가의 뺨 위로 눈물이 흘러내리고 있었다. 열세 살 소녀, 꽃봉오리가 살며시 고개를 들 듯 아기의 가슴에도 꽃봉오리 하나가 살며시 고개를 쳐들고 있었다.

5
통일,
삼국의 백성들

의상 스님이 서라벌에 도착한 것은 늦가을이었다. 가을걷이가 끝난 들판은 황량했고 사람들은 또 무슨 전쟁이 있을지 몰라 불안해했다. 삼국이 갈라져 있을 때는 갈라진 대로 침략을 받기도 하고 침략을 하기도 하면서 긴 세월 전쟁 속에서 살아왔다.

그러다가 삼국통일의 대업을 완수하기 위해 당나라와 손을 잡고 백제를 무너뜨리고 고구려를 무너뜨리면서부터는 전쟁의 규모가 먼저와는 비교도 안 될 만큼 커졌다. 전쟁의 규모가 커졌다는 것은 전쟁터에서 죽거나 다친 백성의 수가 그만큼 많아졌다는 얘기고, 백성들의 삶이 그만큼 피폐해졌다는 얘기다. 그런데 이제는 다시 당나라와 싸우지 않으면 안 되는 지경에 이르렀다. 당이 백제 땅과 고구려 땅은 말할 것도 없고 신라 땅에도 자신들의 통치

기구를 설치하고 한반도를 통째로 손아귀에 넣으려 하기 때문이었다.

서라벌에 도착한 의상 스님은 황복사에서 하룻밤을 자고 이튿날 아침 궁궐로 들어갔다. 그런데 궁궐 주위에 많은 사람들이 모여서 열심히 땅을 파고 있었다. 뭔가 큰 공사를 하고 있음이 분명해 보였다. 의상 스님은 일하는 사람들을 잠시 바라보다가 궁궐 안으로 들어가 임금을 만났다.

의상 스님을 본 임금은 자리에서 일어나 의상 스님 손을 으스러지게 잡았다. 기다리고 있었음이, 외로워하고 있었음이 역력해 보였다. 서로 인사를 나누고 임금과 마주 앉은 의상 스님은 낙산을 다녀온 얘기를 소상히 했다.

동해바다를 끼고 한 달여 동안 북쪽으로 올라가다가 도착한 양양, 거기서 파랑새의 도움을 받아 낙산에 이르게 되었고, 낙산에 이른 후 관세음보살을 친견하기까지의 전 과정을 사실 그대로 가감 없이 전했다. 노인과 아가의 얘기까지도.

의상 스님 얘기를 듣고 난 임금은 감동한 얼굴로 의상 스님을 물끄러미 바라보았다. 그러던 그는 스님 가까이로 다가 앉으며 말했다.

"스님, 관세음보살님이 주신 마니보주를 궁궐로 모셔 오십시오. 그래서 이 왕실이 힘을 받게 해주십시오."

왕으로부터 의외의 제안을 받은 의상 스님은 잠시 당황하는 표정을 짓다가 단호하게 말했다.

"그건 안 됩니다. 마니보주는 관세음보살 진신이 계신 낙산에 있어야 합니다. 그래야 많은 사람들이 낙산을 관세음보살님이 상주하고 계신 성지로 알고, 거기 가서 기도하면 소원이 이루어진다고 믿게 됩니다."

"나도 관세음보살님으로부터 가피를 받고 싶소. 삼국통일의 과업이 너무 벅차오. 마니보주를 내가 있는 궁궐로 모셔 오도록 하십시다."

"햇빛이 세상에 꽉 차 있는 것처럼 불보살님의 가피도 세상에 꽉 차 있습니다. 이 서라벌에도 임금님이 계신 궁궐에도 그렇게 차 있습니다. 삼국통일의 과업이 옳은 것이라면 불보살님이 폐하를 도와 반드시 그 과업을 성취시켜 주실 것입니다."

의상 스님은 연민에 찬 눈으로 잠시 문무왕을 바라보다가 말했다. 전쟁을 승리로 이끌어야 하는 왕으로서의 중압감, 적국이었던 백성들을 자국의 백성으로 끌어안아야 하는 어려움, 당나라의 흑심, 이 모든 것을 해결하고 이끌어가야 하는 과업이 임금으로서도 왜 벅차지 않겠는가!

의상 스님의 말을 듣고 생각에 잠긴 얼굴로 앉아있던 임금이 스스로 결심을 굳힌 듯 말했다.

"마니보주는 백성들 몫으로 낙산에 두도록 합시다. 백성들도 이 임금만큼 힘이 들 테니까요."

"불보살님의 가피가 폐하와 함께 하실 것입니다. 소승도 삼국통일의 과업이 원만히 성취되도록 기도하겠습니다."

"고맙소. 스님이 서라벌로 돌아오니 백만대군이 내 곁을 지켜주는 것처럼 든든하오."

이렇게 말하고 난 임금은 의상 스님이 서라벌을 떠나 있었던 근간의 사정을 얘기했다.

"신라와 당나라가 연합군을 결성했을 때 당나라는 대동강 이북 땅을, 신라는 대동강 이남 땅을 차지하기로 했소. 그런데 당은 그 약속을 깨고 백제 땅에 웅진도독부를, 고구려 땅에 안동도호부를 설치하고, 신라 땅엔 계림도독부를 설치했소. 그리고 왕인 나를 계림대도독으로 임명했소. 이는 신라마저 자신들의 속국으로 간주하려는 속셈이요. 그 후 우리가 백제의 사비성을 공략해 당군을 몰아내고 백제 땅을 완전히 차지하자 당에 가 있는 내 아우 김인문을 신라왕으로 임명하고 신라에 대한 지배권을 장악하려 획책하오. 그러더니 마침내 대군을 보내 우리 신라를 공격하고 있소."

문무왕은 고뇌에 찬 얼굴로 말했다. 그 고뇌는 나라를 지켜야 하는 임금으로서의 중압감이었다.

"……"

의상 스님은 그런 임금을 무거운 마음으로 바라보았다.

"나는 기필코 당군을 몰아내고 이 땅에 풍요로운 통일국가를

건설할 것이요. 그게 내가 하늘로부터 부여받은 의무요. 나를 도
와주시오. 스님."

"소승이 할 수 있는 일이 있다면 그 일을 성심껏 해서 폐하를
돕겠습니다."

"고맙소."

문무왕은 잠시 허공을 바라보다가 혼잣말처럼 이렇게 말했다.

"나라는 내 것이 아니라 백성들의 것이요. 나라가 잘 돼야 백성
들이 잘 살게 되오. 그 이치를 임금도 백성도 함께 알아야 하오."

의상 스님은 문무왕을 바라보며 임금이 한 말을 입속으로 따
라했다. 나라가 잘 돼야 백성들이 잘 살게 되오. 그 이치를 임금도
백성도 함께 알아야 하오.

"이제 곧 당군을 몰아내는 대대적인 전쟁을 치러야 할 것이요.
그 전쟁에서 신라가 승리를 해야 하오. 내가 그 일을 해야 하오."

문무왕은 스스로에게 주문을 걸 듯 이렇게 말하고 입을 다물
었다. 그런 임금을 바라보고 있는 의상 스님 마음은 착잡했다. 임
금의 고뇌를 백성들이 얼마나 알까? 함께 정사를 펴는 대신들도
안다고 할 수 있을까? 임금의 고뇌는 임금만이 안다. 자리란 그런
것이고, 그래서 고독한 것이다.

"백제와 고구려 백성들을 잘 끌어안으십시오. 신라 백성과 조
금도 다름 없이요."

의상 스님이 간곡히 말하자,

"나도 그리하려고 생각하오. 하지만 두 나라 백성들의 마음을 사는 일은 쉽지 않을 것이오. 나는 임금으로서 그들의 마음을 사려고 노력할 테니, 스님은 스님으로서 그 역할을 해주기 바라오."

문무왕 역시 간곡하게 당부했다.

"그리하겠습니다."

의상 스님도 진심을 다해 약속했다.

문무왕과 의상 스님, 서로의 역할은 달랐지만 나라와 백성을 위해 혼신의 힘을 다하겠다는 마음은 같았다. 그들은 서로의 마음을 잘 알고 있었고, 인간적인 신뢰의 바탕 위에서 우정을 나누고 있었기 때문이다.

"나는 이제 곧 출병해야 하오. 그 전에 궁궐 주위에 성을 쌓으려 하오. 왕실을 튼튼히 지키기 위해서요. 지금 나가서 현장을 둘러봐야겠소."

임금이 이렇게 말하며 자리에서 일어서려 했다.

"폐하, 잠시만 자리에 앉으셔서 제 얘기를 들으십시오. 지금 백성은 수많은 전쟁에 동원돼서 지쳐 있습니다. 지금 궁궐 주위에 성을 쌓으려 한다면 또 많은 백성이 동원돼야 할 것입니다. 성 쌓는 일은 중단하십시오. 임금이 덕이 있다고 믿으면 궁궐 주위에 풀을 심어 경계를 삼아도 적이 쳐들어오지 않을 것입니다. 백성의 어버이로서 삼국의 백성을 끌어안는 모습을 보이십시오. 그러면 어떤 적도 궁궐을 넘보지 않을 것입니다."

문무왕은 의상 스님이 한 말을 곱씹으며 생각에 잠겼다. 잠시 그렇게 생각에 잠겼던 임금은 밝은 표정을 지으며 말했다.

　"스님의 권고를 받아들이겠소. 성 쌓는 일을 중단하겠소."

　"고맙습니다. 폐하."

　의상 스님도 밝은 표정을 지으며 왕을 바라봤다.

　서로를 존중한다는 것은 인간관계에서 가장 아름다운 모습이다. 두 사람은 아름다운 모습을 그 순간 함께 연출하고 있었다.

* * *

의상 스님이 인생에서 가장 중요한 시기를 보내던 때는 문무왕 때다. 문무왕은 무열왕의 장자로 진덕여왕 때 당에 가서 수년간 체류하다 왔다. 아버지인 무열왕이 보낸 것으로 봐 외교적으로 풀어야 할 문제를 안고 갔던 것으로 보인다. 문무왕은 의상 스님보다 1년 후인 626년에 출생했고, 당에 체류했던 시기는 20대 청년기로 봐진다.

　무열왕은 신선 같은 풍모를 지녔다고 전한다. 그래서 당 태종은 그의 외모에 반해서 그와 친교를 맺으려 했다고 한다. 외모 때문에 나당동맹이 맺어진 것은 아니겠지만 아무튼 무열왕의 외모가 당 태종의 환심을 살만큼 출중했다면 그의 아들 문무왕도 준수한 외모를 지녔을 것이 틀림없어 보인다. 기록에 의하면 문무왕은 외모가 수려하고 총명하게 생겼으며 지략이 뛰어났다고 돼 있다.

100여 년의 준비 기간을 거쳐 29대 무열왕 때 본격적으로 삼국통일 전쟁이 시작되었고, 당군과 함께 백제를 멸망시킨 무열왕은 백제반군이 힘을 결집해 신라를 침공할 무렵 죽었다. 그러니까 삼국통일 전쟁의 기초를 닦아 놓고 끝을 맺지 못한 채 죽은 것이다.

무열왕의 뒤를 이어 왕이 된 문무왕은 삼국통일을 완성해가는 전 과정에 걸쳐 직접 전쟁에 참여해 전 군을 진두지휘했다. 백제 저항군의 진압, 고구려 정벌, 당군 축출 등. 문무왕이 왕위에 오른 것은 661년이고, 당군을 몰아내고 삼국을 완전히 통일한 것은 676년이니 문무왕은 15년이라는 긴 세월 동안 전쟁의 소용돌이에서 살았다. 그것도 그 모든 것을 주도해 나가야 하는 왕으로서 말이다.

특히 의상 스님이 서라벌을 떠나 낙산에 가있던 해 김유신 장군이 죽고, 김유신 장군이 죽은 두 달 후 당이 말갈과 거란군을 이끌고 신라를 공격해왔다. 나라의 든든한 버팀목이었던 김유신 장군이 죽고 난 후 모든 전쟁을 자신이 주도해가야 할 때 문무왕이 겪게 되는 인간적 고독이 어떠했을까는 짐작이 간다.

문무왕의 고통을 가장 잘 이해한 사람이 의상 스님이 아니었을까, 하고 짐작해본다. 귀족 신분으로 출가해 왕실과 밀접한 관계에 있는 황복사에서 산 의상 스님은 같은 연배의 문무왕과 밀접한 교유를 가졌을 것이고, 따라서 왕의 애환을 누구보다도 잘 이해했을 것이다.

왕의 권위만 보고 있는 사람과, 왕의 애환까지를 보고 있는 사람 사이에는 많은 간극이 있다. 의상 스님은 왕의 직책을 수행하고 있는 문무왕에 대해 인간적인 연민을 느꼈고, 그래서 그를 돕고 싶은 마음이 진심에서 우러났다. 특히 낙산에서 돌아와 문무왕을 접견했을 때 문무왕이 한 말을 듣고 난 이후부터는 더욱더 그랬다.

'나라는 내 것이 아니라 백성들의 것이오. 나라가 잘 돼야 백성들이 잘 살게 되오. 그 이치를 백성도 임금도 함께 알아야 하오.'

황복사 법당에 앉아 깊은 생각에 잠겨있던 의상 스님은 왕이 한 마지막 말을 떠올리며 천천히 머리를 끄덕였다. 나라가 잘 돼야 백성들이 잘 살게 된다는 이치를 백성도 임금도 함께 알아야 한다는 말은 옳은 말이다.

그렇다면 이 시점에서 내가 해야 할 역할은 무엇인가? 나는 승려니까 승려로써의 본분부터 철저히 이행해야 한다. 그것은 불교를 바로 알리는 일이고, 승려들을 바르게 길러내는 일이다. 그러기 위해서 부처님 가르침을 펴는 일부터 해야 한다. 이렇게 생각을 모아가던 의상 스님은 《화엄경》의 요체를 210자로 드러낸 〈법성게〉를 강설해야겠다고 결정을 내렸다.

《화엄경》은 부처님의 깨달은 세계를 드러낸 것이기 때문에 모든 경전의 뿌리와 같다. 그러므로《화엄경》을 바로 알리는 일은 부처님의 가르침을 바로 알리는 일이 된다. 자신이 80권의 방대한 《화엄경》의 요체를 뽑아 210자로 축약한 〈법성게〉는 부처님이《화엄경》의 내용과 부합한다고 인정해주셨고, 그것을 스승인 지엄화상이 증명해주셨다.

그렇다면 나는 〈법성게〉를 펴는 일에 혼신의 힘을 쏟아야 한다. 80권《화엄경》을 공부하는 일은 용이하지 않지만 210자로 된 〈법성게〉를 공부하는 일은 누구나 마음만 먹으면 할 수 있다. 생각을 정리한 의상 스님은 부처님을 향해 삼배를 올리고 법당을 나왔다. 법당 문을 나서고 있는 의상 스님 몸에선 은은한 광채가 배어나왔다. 부처님 법을 바르게 펼 수 있는 법사로서의 자격을 갖추고 있음을 불보살님이 증명해주고 계신 것 같았다.

의상 스님이 〈법성게〉를 강설한다는 소문이 퍼지자 많은 스님들이 황복사로 모여 들었다. 그 중에는 원효 스님도 포함돼 있었다. 원효 스님은 대중 뒷자리에 앉아서 강의를 경청하다가 궁금한 내용이 있으면 질문하고, 중요한 주제가 나오면 토론에도 적극 참여하면서 대중의 이해도를 높여 주었다.

〈법성게〉의 본래 이름은 〈화엄일승법계도華嚴一乘法界圖〉다. 《화엄경》80권 중 요체를 뽑아 7언 30구의 게송을 도표 형식으로 만든 것으로 법法 자로 시작해 불佛 자로 끝맺음을 하고 있다. 법성게를 구성하고 있는 210자는 한 자 한 자가 깊은 뜻을 내포하고 있으므로 의상 스님은 7언 1구를 강설할 때마다 대중들과 긴 토론을 하는 것을 원칙으로 했다.

대중의 일원으로 참석한 원효 스님은 스스로 배우는 입장을 취했고, 수많은 경전을 이미 공부한 원효 스님의 이해도는 단연 최고의 경지에 도달해 있었다. 하지만 원효 스님은 여덟 살 아래인 의상 스님에 대해 존경의 예를 표했고, 특히 〈법성게〉를 구성하고 있는 210자가 불을 붙였을 때 한 자도 타지 않았다는 말을 들었기 때문에 〈법성게〉를 공부하는 원효 스님의 마음은 경건하고 진지했다. 의상 스님 역시 그런 원효 스님에 대해 존경심을 가지고 있었고, 대중들과 함께 토론하고 질문하는 스님을 보면서 원효 스님이 자신과 함께 《화엄경》을 강설하고 있다는 생각을 하고 있었다.

겨울에 시작한 〈법성게〉 강설은 이듬해 봄에 끝났다. 두터운 솜옷을 입고 황복사에 왔던 스님들은 겉옷을 하나씩 벗어서 걸망 속에 넣고 황복사를 떠났다. 무명의 껍질도 그렇게 한 꺼풀 벗겼을 것이다.

공부하는 내내 대중스님들은 원효 스님을 경원시 했다. 요석공주와의 파계는 그들을 놀라게 했고, 설총의 탄생은 그 놀라움을 영원히 그들 머릿속에서 지워지지 않게 했다. 원효 스님은 그런 대중의 시선을 의식하면서도 태연하게 공부에 임했다. 세상에서 자신이 할 일은 〈법성게〉를 공부하는 일밖에 없다는 듯이.

의상 스님은 그런 원효 스님을 보면서 원효 스님의 마음자리가 외부의 비바람에 흔들리지 않음을 알았다. 원효 스님은 그 공부를 하기 위해 자신의 마음을 광야에 내놓고 북풍한설을 맞고 있는지도 모른다. 의상 스님은 그런 원효 스님을 보며 자신은 도저히 할 수 없는 일을 스님은 해내고 있다고 생각했다. 원효 스님 역시 향기로운 향이 타고 있는 것처럼 언제나 청아한 모습을 지니고 있는 의상 스님을 마음속으로 존경했다. 그런 모습으로 일생을 산다는 것은 자신으로서는 도저히 할 수 없는 일이었다. 이렇게 두 스님은 다른 사람들이 보지 못하는 면을 서로 보면서 도반으로서의 우정을 이어갔다. 서로를 존중하고 귀히 여기는 속에서.

* * *

해가 바뀌자 당은 김인문을 신라왕으로 봉하고 문무왕에 대한 불신을 노골적으로 나타냈다. 그리고 대군을 이끌고 다시 신라를 공격해왔다. 문무왕은 군사를 이끌고 즉시 전장으로 나갔다. 설인귀가 이끄는 당군을 신라군의 대장 문훈이 대파하자 당은 연산도 총관 대장군 이근행에게 20만의 대군을 주어 다시 신라를 공격하게 했다. 이근행이 이끄는 당군과 신라군은 매소성(지금의 연천 지역)에서 대대적인 전투를 벌였다.

이 전투에서 신라군이 승리의 주도권을 쥐고 당군 3천 명을 포로로 잡고, 군마 3만여 필과, 비슷한 수의 무기를 노획했다. 그 후로도 18회에 걸쳐 크고 작은 전투가 이어졌는데 모든 전투에서 당군을 격파했다. 신라군이 당군의 보급로를 차단하자 당군은 더 이상 버티지 못하고 철수해 평양에 있던 안동도호부를 요동으로 옮겼다. 이렇게 해서 신라는 지금의 원산만과 대동강 이남을 잇는 땅을 차지하고 삼국통일의 대업을 마무리했다.

문무왕이 군사를 이끌고 전장에 나가있는 동안 의상 스님은 인시寅時에 일어나 신라군의 승리를 빌며 탑돌이를 했다. 대웅전 앞에는 부처님의 진신 사리를 모신 목탑이 있었는데 의상 스님은 그 탑을 돌며 신라군의 승리를 빌었다. 의상 스님이 인시에 일어나 탑을 돌며 기도하는 것을 안 표훈 스님과 진정 스님도 같이 탑돌이를 했다.

그런데 언젠가부터 세 스님의 발이 마치 계단을 밟고 올라가는 것처럼 탑신의 중간까지 올라가 탑돌이를 했다. 지상에서부터 그들의 발이 닿아 있는 지점까지는 약 여섯 자 정도, 여섯 자 높이의 허공을 돌며 탑돌이를 하고 있었다. 그러자 제자들은 스승에게 어떻게 된 연유인가를 물었다.

"허공을 밟고 탑돌이를 하는 것이 신기하기도 하지만 두렵기도 합니다. 어떻게 허공을 밟고 돌 수 있는지 알려 주십시오."

진정 스님이 청했다.

"그건 천인들이 우리들의 발을 받쳐주기 때문이네. 이 사실을 알면 사람들이 말을 만들어서 하게 될 테니 다른 사람들에겐 이 일을 알리지 말게."

스승의 말을 듣고 난 표훈 스님이 머리를 끄덕였다. 낙산에 있던 노인이, 스님은 천공을 받아 잡수셨으니 음식 걱정은 하지 않아도 된다고 하던 말이 사실임이 증명되어서다. 표훈 스님은 의상 스님이 천신의 외호를 받고 계심을 알았다. 사람이 천신의 외호를 받다니? 그럼 우리 스님은 천신보다 더 높다는 얘기가 아닌가? 표훈 스님이 이런 의문에 잠겨있자 그의 몸이 점점 아래로 내려가 마침내 땅에 떨어지고 말았다.

"전쟁은 신라의 승리로 끝난 듯하니 우리 기도도 여기서 회향을 하세."

의상 스님은 허공에 서서 잠시 두 눈을 감고 합장을 하면서 이렇게 말했다. 그러자 의상 스님과 진정 스님 몸이 점차 아래로 내려가 평소대로 땅에 닿았다.

"스님, 죄송합니다. 잠시 망상을 피웠더니 그만……."

표훈 스님이 용서를 구하는 얼굴로 고개를 숙이자

"우리 기도도 오늘로 회향했으니 괜찮네. 곧 승전보가 올 걸세."

의상 스님은 이렇게 말하고 나서 몸을 돌렸다. 표훈 스님과 진정 스님은 땅을 밟고 걸으면서도 마치 허공을 걷는 것처럼 가볍게 발을 옮기는 의상 스님을 잠시 바라보다가 그들도 뒤를 따라 법당 쪽으로 갔다. 이제 곧 시작될 새벽예불에 참석하기 위해서였다.

한낮이 지나자 궁궐 망루에서 부는 나팔 소리가 서라벌에 울려 퍼졌다. 의상 스님의 예견대로 승전보를 알리는 나팔 소리였다. 그러자 남녀노소 할 것 없이 모두 거리로 나와 서로 부둥켜안고 환호했다. 지긋지긋하던 전쟁이 끝나고 마침내 신라가 삼국을 통일해 이 땅의 주인이 된 것이다.

거리로 몰려나온 사람들은 누가 시키지도 않았는데 대열을 지어 궁궐 쪽으로 갔다. 전쟁을 승리로 이끌어준 임금에 대한 고마움의 표현이었다. 궁궐은 백성들로 겹겹이 싸여 있고, 궁궐에선 마실 물과 조촐한 음식이 연신 밖으로 나왔다. 백성들에 대한 감사의 표현이었다.

승전보가 울린 지 열흘쯤 지나서 왕이 병사들을 이끌고 서라벌로 돌아왔다. 그러자 백성들은 저마다 거리로 몰려나가 환호하며 왕을 맞이했다. 왕위에 오르면서부터 전쟁터를 누빈 임금, 15년이라는 긴 세월 동안 왕은 궁궐에서보다 전쟁터에서 보낸 시간이 더 많았다. 그런 왕에 대해 백성들은 고마움과 칭송의 마음을 보내고 있었다.

'삼국통일의 대업을 완수했으니 이제부터는 통일 후의 대업을 완성해야 한다. 그것은 삼국인의 마음을 하나로 묶어 하나가 되게 하는 일이다. 그 일을 잘하도록 나는 임금을 도와야 한다.'

의상 스님은 백마를 타고 입성하는 왕을 보며 이런 생각을 하고 있었다.

6
재회,
나무아미타불
관세음보살

삼국통일의 대업을 완성하고 궁궐로 돌아온 문무왕은 보름쯤 후 의상 스님을 궁궐로 불렀다. 전쟁의 여독을 풀고 마음의 평정을 찾은 후였다. 의상 스님은 서둘러 궁궐로 갔다. 그러자 임금은 전날처럼 자리에서 일어나 의상 스님 손을 으스러지게 잡았다. 전날 의상 스님 손을 잡은 것이 반가움의 표현이었다면, 이번은 대업을 완성한 임금으로써의 자축의 표현이었다.

"대업을 완성한 폐하께 불보살님과 함께 소승도 경하慶賀드립니다."

의상 스님도 임금 손을 마주 잡으며 환하게 웃었다.

"고맙소. 스님이 기도해주신 덕임을 나도 잘 알고 있소."

문무왕도 환하게 웃으며 의상 스님을 쳐다봤다.

서로 인사의 예를 갖춘 후 두 사람은 자리에 앉았다. 자리에 앉자 임금은 전쟁터에서 있었던 수많은 무용담을 들려주었다. 결의에 찬 군은 표정을 짓기도 하고, 호탕하게 웃기도 하면서. 18회에 걸쳐 대전을 벌인 아슬아슬하고 숨 막혔던 전쟁의 기억을 임금으로서도 누군가에게 말하고 싶었을 것이다. 의상 스님은 그런 임금의 마음을 알고 있었기 때문에 미소를 짓기도 하고 머리를 끄덕이기도 하면서 임금이 하는 말을 경청했다.

"매소성에서 20만의 당나라군과 맞선 우리 신라군은 열여덟 번에 걸쳐 서로 공방전을 벌였소. 그런데 그 열여덟 번의 전쟁에서 우리 신라가 모두 승리의 주도권을 쥐고 있었소. 한 번도 패한 적이 없었소. 그리고 설인귀가 이끈 당군이 바다를 통해 남하해 오자 시득 장군이 소부리주 기벌포에서 맞서 당군 4천여 명을 사살해 마침내 해상권도 장악하게 되었소. 이렇게 해서 당군을 몰아낸 신라가 이 땅의 주인이 되었소. 마침내 삼국통일의 대업을 이룬 것이요."

임금이 흥분한 목소리로 말했다.

"장하십니다."

의상 스님도 진심에서 치하했다.

"삼국통일의 대업을 이루고 궁궐로 돌아오면서 나는 하늘이 우리 신라를 도왔다고 믿었소. 불보살님이 신라를 도와주신 것이라고 말이요. 그런 생각을 한 나는 하늘에 맹세했소. 삼국의 국민을 하나로 묶어 모든 백성이 잘사는 나라를 만들겠다고 말이요. 그 일은 삼국을 통일하는 일보다 더 어려울 수도 있을 것이요. 그러니 스님, 나를 도와서 아니 나와 힘을 합쳐서 그 일을 꼭 이루어 냅시다. 삼국의 백성이 모두 잘사는 그런 나라를 만들도록 말이요. 이것이 불보살님께 보은하는 길이라고 나는 생각하오."

문무왕이 진지하게 말했다. 의상 스님은 임금의 말에 거짓이 없음을 알고 있었다.

"옳은 말씀이십니다. 소승도 폐하를 도와 마지막 대업을 완성하는 데 힘을 보태겠습니다."

"고맙소. 오늘 스님을 오시라고 한 것은 스님께 부탁 드릴 말씀이 있어서요. 스님이 죽령竹嶺으로 가서서 거기에 절을 하나 세워주시오. 죽령은 삼국의 요충지로서 삼국으로 갈라져 있을 때도 전쟁으로 많은 사람이 죽었고, 삼국통일을 이루는 와중에서도 많은 사람이 목숨을 잃은 곳이요. 목숨을 잃은 사람은 신라인만이 아니요. 백제인도 고구려인도 자신들의 나라를 지키기 위해 목숨을 잃은 것이오. 그래서 원한이 가장 많이 서려 있는 곳이요. 그 죽령에 스님이 절을 세워서 삼국의 원혼을 달래줌은 물론 원한에 사무쳐 있는 백제인 고구려인들에게도 불보살님의 손길이 닿게 해주시오."

임금의 말을 들은 의상 스님은 천천히 머리를 끄덕였다. 그 일이 자신이 해야 할 일이라고 생각하면서. 사람을 죽이는 전쟁은 부처님 법하고는 맞지 않는다. 하지만 인간이 사는 세상엔 항상 전쟁이 있어왔다. 그것이 중생계의 한계다. 그렇다면 전쟁으로 인해 목숨을 잃은 수많은 원혼을 달래는 일은 어쩔 수 없이 승려인 자신이 맡아야 한다.

"준비가 되는 대로 죽령으로 가서 폐하가 원하는 일을 하겠습니다."

의상 스님은 합장을 하며 말했다. 가슴속에 서려있는 원한을 풀고 삼국의 백성이 하나가 되게 하는 일, 그 일은 전쟁에서 승리한 신라 승려의 몫이다.

"가시기 전에 미리 알려주시면 모든 조치를 해 놓겠소."

왕이 감사의 마음을 담고 미소를 지었다.

"그리 하지요."

의상 스님도 조용히 합장하고 자리에서 일어났다. 책무에 대해 무거움이 느껴졌다.

황복사로 돌아온 의상 스님은 제자들을 모아 놓고 자신이 황복사를 떠나야 함을 알렸다. 그러자 제자들은 몹시 실망스러운 표정을 지으며 스승을 쳐다봤다. 이제 스승을 모시고 제대로 된 불법을 공부하고 있는데 스승이 떠나시면 우리들은 어떻게 하란 말입니까.

"이번에 가면 아무래도 쉽게 돌아오지 못할 것 같네. 한 달 정도 시간적 여유가 있으니 그동안 공부했던 내용 중 모르는 게 있으면 질문을 하게. 〈법성게〉를 중심으로 질문을 하는 게 자네들한테 더 유익할 것 같으니 가급적이면 〈법성게〉 안에서 질문을 하도록 하게."

의상 스님이 제자들을 둘러보며 말했다. 황복사에는 이미 수많은 제자들이 의상 스님 밑에서 공부하고 있고, 그 중에서도 오진, 지통, 표훈, 진정, 진장, 도융, 양원 스님은 의상 스님이 특히 아끼는 제자들로서 늘 가까이 두고 가르침을 펴왔다.

"죽령 쪽은 오지일 뿐 아니라 고구려 유민 백제 유민이 떼를 지어 살면서 산적 행세를 한다고 합니다. 그래서 그 쪽을 지나는 행인들은 물건을 빼앗기는 건 다반사고 심한 경우에는 목숨마저도 잃는다고 합니다. 그런 오지에 스님이 어떻게 들어가시겠다는 겁니까? 안 됩니다."

한 제자가 강하게 만류했다. 그러자 다른 제자들도 비슷한 말로 만류했다.

"전쟁이 나지 않고 우리 신라가 그들 나라들을 무너뜨리지 않았다면 그들은 다 양민으로 살 사람들이네. 지금 벌어지고 있는 모든 상황들은 같은 시대를 살고 있는 우리 모두의 공업共業이니 함께 책임을 져야지. 임금님의 부탁이 없었더라도 나는 거기에 가서 절을 짓고 원혼을 달래고 원한에 맺혀 있는 사람들을 달래야 하네. 그것이 신라 승려로써 마땅히 해야 할 일이네."

의상 스님은 떠날 결심이 섰음을 제자들한테 알렸다.

"그러시다면 저희들도 같이 가겠습니다. 같이 가서 스님을 도와 절을 짓겠습니다."

한 제자가 손을 들며 말했다.

"고맙네. 하지만 지금은 안 되네. 내가 가서 터를 닦아 놓고 절을 지을 준비를 하거든 그때 오게. 그때가 언제가 될지는 모르지만 절을 지으러 가니 반드시 절을 짓겠네. 그동안 자네들은 하던 공부를 계속하게. 신라 승려인 우리들에겐 지금 막중한 책임이 주어져 있네. 그 일을 하려면 공부를 해야 하네. 내가 없더라도 태만해지지 말고 공부하기 바라네."

의상 스님이 조용히 말했다. 하지만 그 말속엔 강한 힘이 배어 있었다. 그러자 제자들은 모두 숙연한 표정을 지으며 고개를 숙였다.

"떠나기 전에 〈법성게〉를 한 번 더 강설하겠네. 오늘 저녁부터 시작할 테니 저녁 예불이 끝나거든 모두 강당으로 모이게."

의상 스님이 자신의 본래 생각과는 다른 말을 했다. 처음에는 뛰어난 제자들을 따로 모아서 〈법성게〉 강의를 하고, 그들이 자신을 대신해 대중스님들을 가르치게 하려 했으나 그렇게 하는 것보다는 대중들한테 한 번 더 〈법성게〉를 공부하게 하는 게 더 나을 것 같아서였다.

"네. 그렇게 하겠습니다."

대중스님들은 합장하며 다행이라는 표정을 지었다.

대중스님들이 물러가자 의상 스님은 혼자 생각에 잠겼다. 승려가 된다는 것은 부처님 제자가 된다는 것이다. 그러므로 거기에는 차별이 있을 수 없다. 국경도, 인종도, 성별도 말이다. 그러나 현상 세계는 그 모든 것에 차별이 있다. 차별이 있기 때문에 그 차별에 따를 수밖에 없다. 나는 신라의 승려이기 때문에 신라의 승려로써 본분을 다해야 한다. 그것은 깊은 상실감에 젖어있는 고구려인과 백제인들의 마음을 부처님 가르침으로 치유해주고 새로운 희망을 가지게 하는 것이다. 그 일은 신라 승려가 해야 한다. 왕실과 깊은 관계를 맺고 있는 내가 해야 한다.

　의상 스님은 자신처럼 왕실과 깊은 관계를 맺고 살다간 원광법사와 자장율사를 떠올렸다. 두 분 다 국사의 자격으로 왕의 자문 역할을 하면서 자신들에게 주어진 소임을 다했다. 원광법사는 세속인들에게 오계를 주어 이상적인 불교인으로 살게 하면서 삼국 통일의 기틀인 화랑도를 키워냈다.

　그리고 자장율사는 대국통의 소임을 맡고 승단과 승가의 모든 제도를 정비함으로써 불교를 탄탄한 기반 위에 올려놓았다. 지금 나는 사상적으로 삼국인의 마음을 하나로 묶는 일을 해야 한다. 그 일을 부처님 가르침 안에서 찾아야 한다.

　의상 스님은 누군가와 마음속의 대화를 나누고 싶었다. 그러던 의상 스님은 빙긋이 미소를 지었다. 원효 스님 얼굴이 떠올라서였다. 원효 스님은 왕실의 공주와 파계한 후 왕실과 가장 먼 거리에 있는 하층민들 속으로 들어갔다. 그리고 스스로 소성거사라 칭하면서 하층민과 어울려서 살고 있다. 사람들은 그런 원효 스님을 비난하고 멸시하지만 자신은 한 번도 원효 스님을 원효 스님이 아니라고 생각해본 적이 없다. 스님으로 생각해본 적이 없는 게 아니라 계를 파하고도 부처님 제자로 조금도 손색없이 살아가는 원효 스님의 그 당당함에 감동을 받고 있다.

관세음보살은 어린아이를 만나면 어린아이 모습으로, 왕을 만나면 왕의 모습으로, 야차夜叉를 만나면 야차의 모습으로 바꿔서 상대방을 제도하신다고 한다. 원효 스님이 소성거사의 모습을 하지 않았다면 하층민들이 그에게로 다가오지 못했을 것이다. 그 일을 자신은 못하는데 원효 스님은 해내고 있다. 그런 원효 스님을 보며 부처님도 관세음보살님도 미소를 짓고 계실 것이다.

이런 생각을 하고 있던 의상 스님은 서라벌을 떠나기 전에 꼭 한 번 원효 스님을 만나고 싶어졌다. 그래서 원효 스님의 거처를 아는 일부터 수소문 해봐야겠다고 생각했다. 동가식서가숙하면서 천촌만락을 누비고 다니는 원효 스님의 거처를 아는 일이 만만치만은 않을 것 같아서였다.

의상 스님은 왕실과 교류하면서 서라벌을 떠날 준비를 하고 있었다. 그러는 틈틈이 제자들한테 〈법성게〉를 강설하고, 자신이 아끼는 제자들한테는 스님이 직접 내용을 질문하면서 하루하루를 보냈다. 자신이 제자들한테 질문하는 것은 제자들이 〈법성게〉 내용을 잘 이해하고 있는가를 점검하기 위해서였고, 자신을 대신해서 대중스님들을 끌고 갈 강사를 키우기 위해서였다. 이렇게 시간을 보내는 동안 모든 준비가 완료되었고 스님은 마침내 황복사를 떠나게 되었다. 대중스님들은 도적들이 우글거리는 험지로 떠나는 스승을 근심스러운 얼굴로 배웅했고, 의상 스님은 제자들 중에서 표훈과 진정 두 스님만 데리고 절 문을 나섰다.

* * *

의상 스님이 걸음을 옮기며 말했다.

"삽량주(지금의 양산) 쪽으로 가세. 원효 스님이 삽량주에 계시다는 소문이 들리니 거기에 가서 스님을 뵙고 가야겠네."

그러자 두 스님은 말없이 스승 뒤를 따랐다. 한참 동안 스승 뒤를 걸어오던 진정 스님이 조심스럽게 물었다.

"다른 스님들은 원효 스님을 무시하고 멀리하는데 스님만 왜 원효 스님을 챙기십니까?"

"그건 원효 스님이 위대해서네."

"계를 파하셨는데도 위대하다는 것입니까?"

"그물을 뚫고 허공으로 날아오르는 새는 다른 적의 공격을 받지 않네. 그러나 그물을 뚫고 허공으로 날아오르지 못하는 새는 그물 안에 있어야지 그러지 않으면 적의 공격을 받아 죽고마네."

"그물이 계란 말입니까?"

"그러네."

의상 스님의 말을 듣고 생각에 잠기던 두 스님이 거의 동시에 물었다.

"스님은 천신들이 보호해 주실 만큼 도가 높으신데 왜 계를 철저히 지키십니까?"

"그건 기질의 문젤세."

의상 스님이 웃으며 답했다.

"기질이라니요? 기질이 뭡니까?"

제자들이 의아해서 묻자

"원효 스님은 거지 복장에 뒤웅박을 차고 주막거리를 누비고 다니면서 부처님 가르침을 펴고 계시지만 나는 그러지를 못하네. 나는 자네들 같은 제자들을 길러내는 일이 기질에 맞고, 원효 스님은 하층민을 끌어안고 그들을 교화하는 일이 기질에 맞으시네. 각각 할 수 있는 일과 중요하다고 느끼는 일이 서로 다른 것일세. 이런 게 기질이네."

의상 스님의 설명을 듣고 두 제자들은 머리를 끄덕였다. 무슨 말인지 이해가 되어서였다.

세 스님은 가다가 힘이 들면 나무 그늘에서 쉬기도 하고, 목이 마르면 샘을 찾아 물을 마시기도 하면서 양산 쪽으로 갔다. 그동안 누려보지 못했던 오붓함이 세 스님의 가슴을 부드럽게 묶었다.

"풍문에 들으니 공주님께서는 불지촌佛地村(지금의 경산)에 계시면서 홀로 아드님을 키우신다고 합니다. 불지촌은 원효 스님의 고향이니 스님 고향으로 가신 것 같습니다."

표훈 스님이 풍문에 들은 얘기를 했다.

"나도 그 얘긴 들었네."

의상 스님도 그 일은 알고 있다고 했다.

"그런데 그 아드님이 총명하고 영특하기가 이를 데가 없답니다. 그래서 동네 사람들이 원효 스님의 어린 시절을 보는 것 같다고 한답니다."

"그 얘기도 들었네."

"그런데 공주님은 왕실의 도움을 받지 않는다고 합니다. 그래서 생활이 몹시 어렵다고 합니다."

"그렇다는 얘기도 들었네."

의상 스님의 대답을 듣고 난 두 스님은 입을 다물었다. 자신들이 알고 있는 내용을 스님도 이미 알고 계셨고, 스님이 알고 계셨다는 것은 그들 모자에 대한 관심을 놓지 않았다는 얘기이기 때문이다.

세 스님이 삽량주에 도착한 것은 해 질 어스름이었다. 집집마다 굴뚝에선 연기가 피어오르고 저녁밥을 준비하는 아낙네들의 분주한 모습이 먼빛으로 보였다. 의상 스님은 원효 스님의 거처를 아는 일은 절의 스님보다 마을 사람들이 더 나을 거라는 생각이

127

들어 마을로 들어갔다.

그때 한 노인이 소죽을 끓이면서 뭔가를 웅얼거리고 있었다. 의상 스님은 긴장하며 노인 가까이로 다가갔다. 예상했던 대로 노인은 '나무아미타불'을 염불하고 있었다.

"어르신 잠깐 얘기를 하고 싶은데요. 이쪽으로 오시면 안 될까요?"

의상 스님이 정중하게 말을 걸었다.

"웬 스님들이신가요? 이 촌에……."

노인이 구부중한 허리를 펴며 걸어왔다.

"어르신이 지금 하신 염불은 누구한테서 배웠습니까?"

의상 스님이 미소를 지으며 묻자,

"원효 스님한테서 배웠지요. 원효 스님은 나무아미타불을 자꾸 부르면 죽어서 극락세계에 가 편하게 산다고 하셨습니다."

"그럼 지금서부터는 그 뒤에 관세음보살도 같이 부르십시오. 나무아미타불 관세음보살, 이렇게요. 그러면 죽어서도 좋은 데 가서 편히 사시지만 살아서도 걱정 없이 편하게 사실 수 있습니다."

"관 뭐라고 하셨습니까? 한 번만 더 불러주십시오."

"관세음보살. 한 번 따라 해보십시오. 관세음보살."

"관세음보살."

"사람은 죽어서도 좋은 데 가야 하지만 살아서도 편안하게 잘 살아야 합니다. 관세음보살을 자꾸 부르면 모든 일이 편안해집니다. 앞으로 '나무아미타불 관세음보살' 이렇게 계속 부르십시오."

의상 스님이 웃으며 설명하자 노인은 알았다는 표정을 지었다. '나무아미타불 관세음보살'은 신라를 대표하는 두 스님, 원효 스님과 의상 스님의 합작품이다. 노인은 두 스님의 합작품인 '나무아미타불 관세음보살'을 부르면서 좀 더 나은 삶을 살 수 있을 것이라는 희망을 가질 것이다. 아니 그렇게 살게 될 것이다.

의상 스님은 '나무아미타불 관세음보살'을 부를 때 마음가짐은 어떻게 하고 생각은 어떻게 하라는 말을 하려다가 그 말을 입속에서 삼키고 말았다. 그러면서 순간적으로 지식이라는 것이 허망하게 느껴졌다. 지식인이라는 말도 함께. 처음 느껴보는 감정이었다. 그러면서 원효 스님이 왜 광대 모양을 하고 천촌만락을 누비고 다니면서 부처님 명호를 부르게 하는지를 알게 되었다. 전에 원효 스님을 머리로 이해했다면, 이젠 가슴으로 이해하게 된 것이다.

"스님, 주위가 어두워집니다. 어디로 가실 건지 목적지를 정하셔야 할 것 같습니다."

노인과 한담을 나누는 스승이 답답한 듯 진정 스님이 말했다.

"참 그렇지. 내가 객승이 된 걸 잠깐 잊고 있었네."

의상 스님은 이렇게 말하고 난 후 노인한테 물었다.

"어르신께 나무아미타불을 가르쳐 주신 원효 스님이 어디 계시는지 혹시 아십니까?"

"원효 스님은 지금 저 뒷산에 계십니다. 어저께 우리 집에 들러서 물 한 대접을 마시고 산으로 올라가셨습니다."

노인이 의외로 원효 스님의 거처를 정확하게 알려주었다.

"어저께 올라가셨다면 지금 뒷산에 계시는 게 틀림없을 것 같습니다. 고맙습니다. 원효 스님의 거처를 알려 주셔서요."

의상 스님이 미소를 지으며 고마움을 표하자,

"어디서 오신 스님들인데 우리 스님을 찾으십니까? 스님이 원효 스님을 찾는 건 본적이 없는데요."

노인은 원효 스님을 가리켜 '우리 스님'이라고 칭하면서 의아한 표정을 지었다.

"그럼 스님 말고 다른 사람이 원효 스님을 찾는 일은 있습니까?"

의상 스님이 묻자,

"있고말고요. 부모가 죽든지 친척이 죽으면 사람들은 다 원효 스님을 찾아 나서지요. 원효 스님이 아미타불을 불러주면 죽은 사람이 극락 간다고 누구나 다 믿고 있으니까요."

노인은 당연한 말을 묻느냐는 투로 쳐다봤다.

"내가 아미타불을 불러주면 어떻겠습니까? 나도 스님이니 내가 아미타불을 불러줘도 죽은 사람이 극락에 갈 텐데요."

의상 스님이 장난기 서린 얼굴로 묻자

"글쎄요. 우리 스님이 하시면 몰라도……."

노인은 원효 스님만이 죽은 고혼을 극락세계로 보낼 수 있다고 철석같이 믿고 있는 것 같았다.

"하 하 하…… 나는 미덥지가 않은 것 같구려."

의상 스님이 노인을 보며 유쾌하게 웃었다.

"글쎄요. 스님은 처음이라서……"

극락세계에 보내줄 수 있는지 없는지 잘 모르겠다는 투로 말했다.

"이 스님이 누구신데 그런 막말을 하십니까? 이 스님은……"

진정 스님이 화를 내며 의상 스님을 설명하려 하자,

"이 어른이 아는 원효 스님을 자네는 아직 모르고 있는 것 같네. 그만 일로 화를 내다니…… 저, 어르신 한 가지 부탁이 있는데 오늘밤 두 스님을 여기서 묵게 해 주십시오. 나는 원효 스님을 뵈러 산에 가야 하기 때문에 그러오."

의상 스님의 부탁을 받은 노인은 난감한 표정을 짓더니

"글쎄요. 우리 집은 누추해서. 그보다 이제 곧 어두워질 텐데 산에 가시다니요. 안 됩니다. 스님도 여기서 이 스님들과 같이 주무시고 내일 가십시오."

노인이 펄쩍 뛰며 말렸다.

"호랑이라도 나올까봐 그럽니까?"

"호랑이뿐입니까? 온갖 짐승이 득실거리는 데요."

"원효 스님이 계시는 걸 보니 나도 괜찮을 것 같습니다. 올라가는 길이나 가르쳐 주십시오."

의상 스님이 갈 뜻을 밝히자,

"산을 오르는 입새는 알지만 원효 스님이 계신 데는 저도 모릅니다. 굴 속에 계신다고도 하고 움막에 계신다고도 해서요."

"그야 올라가 보면 알게 되겠지요. 그럼 나는 원효 스님이 계신데를 갈 테니 자네들은 여기서 하룻밤 묵게. 어르신 두 스님들한테 잠자리를 좀 내주십시오."

의상 스님은 벗어났던 걸망을 어깨에 메며 자리에서 일어났다. 그러자 모두 근심스러운 얼굴로 의상 스님을 쳐다봤다. 이제 곧 어두워질 텐데…… 하지만 말릴 수 없다는 걸 그 자리에 있는 사람들은 알고 있었다.

의상 스님은 노인이 가르쳐 준대로 뒷산 입구의 오솔길로 들어섰다. 그 산은 훗날 천성산千聖山이라는 명명을 받은 산이다. 원효 스님이 중국에서 온 천 명의 승려를 교화해 모두 깨침을 얻게했다 해서 붙여진 이름이다. 산속이지만 길이 어슴푸레 하게 보여 산길을 오르는 데는 별로 어려움이 없었다.

의상 스님은 노인한테 일러 준 '나무아미타불 관세음보살'을 자신도 염하면서 길을 따라 걸음을 옮겼다. 사뿐사뿐, 험한 산길을 오르는 스님의 발길은 허공을 걷고 있는 것처럼 가벼워 보였다. 길은 처음 산 입새에 들어섰을 때처럼 어슴푸레하게 나있어서 힘들이지 않고 올라갈 수 있었다. 얼마큼 그렇게 산길을 오르자 앞에 불빛이 가물가물 보였다. 의상 스님은 마침내 원효 스님의 거처를 찾았다는 기쁨에 미소를 지었다. 저기 계시는군. 의상 스님은 불빛을 따라 더욱 빠르게 걸음을 옮겼다.

스님이 조그만 움막 앞에 이르렀을 때 갑자기 주위가 깜깜해졌다. 스님은 어리둥절해 하며 주위를 둘러보았다. 길은커녕 자신이 어느 쪽에서 올라왔는지도 분간이 안 될 만큼 짙은 어둠이 산 전체를 덮고 있었다. 잠시 생각에 잠긴 얼굴로 서 있던 의상 스님은 누군가에게 예를 갖추듯 미소를 지으며 합장했다. 그리고 문 앞으로 다가가 주인을 찾았다.

"스님, 의상입니다."

잠시 후 문이 열리고 원효 스님이 모습을 드러냈다.

"어서 오십시오. 스님이 오실 것 같아 기다리고 있었습니다."

원효 스님이 미소를 지었다. 그 순간 의상 스님 눈앞에 분황사 마당에서 등을 달던 원효 스님 모습이 떠올랐다. 흡사 만 개의 등으로 빚어 놓으신 거 같네. 만 개의 등이라면 서라벌을 다 덮고도 남을 만한데…… 그렇다면 저 스님 법력이 서라벌을 다 덮고도 남을 만하다는 말인가? 이어서 자신이 자문자답하던 말도 머릿속에 떠올랐다.

"들어오십시오. 처음 본 사람처럼 쳐다보지만 말고요."

의상 스님은 자신의 마음을 보고 있는 원효 스님을 향해 미소를 짓고는 안으로 들어갔다. 조그만 토굴 안엔《화엄경》,《반야경》,《열반경》,《해심밀경》,《아미타경》 등의 경서가 놓여있고 조그만 경상 위에는 원효 스님이 쓴《대승기신론소》가 놓여있었다. 두 스님은 간단하게 인사를 나누고 마주 앉았다.

"차를 끓여 놓고 스님을 기다리고 있었습니다. 한 잔 드십시오."

원효 스님이 빈 찻잔을 의상 스님 앞에 놓고 차를 따랐다. 진한 차향이 방 안에 서서히 퍼졌다. 원효 스님은 자신의 찻잔에도 차를 따라서 천천히 마셨다.

"스님하고 마주 앉아서 차를 마셔본 지도 아득한 것 같습니다. 분황사 시절 이후로는 오붓한 시간을 가져본 적이 없는 것 같은데요."

의상 스님이 웃으며 쳐다보자

"내가 파계를 하고 절 집을 나온 지가 오래됐으니 아득할 수밖에요."

원효 스님이 웃으며 마주 쳐다봤다. 파계란 말이 나온 순간 두 사람 사이를 가로막고 있던 무언가가 쓸려 내려간 것처럼 편안해졌다.

"설총은 잘 크고 있지요?"

"잘 크고 있습니다."

"총명하다는 소문이 자자하게 퍼진 것 같습니다. 저도 들어서 알고 있는 걸 보면요."

"스님이 마음을 두고 계셔서 그렇겠지요."

"실은 이걸 스님께 드리려고 왔습니다. 설총을 훈육하는 데 써 주십시오."

의상 스님은 품속에서 주머니를 꺼내 원효 스님 앞에 놓았다. 주머니 속에는 금화 열 냥이 들어 있었다. 그 순간 원효 스님 눈가에 미세한 경련이 일었다.

"차를 한 잔 더 주십시오. 차가 아주 좋습니다."

의상 스님이 분위기를 바꾸려 하자

"차보다 스님이 더 좋습니다."

원효 스님이 미소를 지으며 차를 따랐다.

"그렇습니다. 저도 차보다 스님이 더 좋습니다."

의상 스님도 미소를 지었다. 두 스님은 서로 마주보며 환하게 웃었다. 여기에 무슨 말이 더 필요하겠는가?

그날 밤, 두 스님은 많은 경전을 비교하면서 일심一心에 대해서 깊은 얘기를 나눴다. 원효 스님은 원효 스님 얘기를 했고, 의상 스님은 의상 스님 얘기를 했다. 같은 듯하면서 달랐고, 다른 듯하면서 같았다. 긴 여행을 함께하고 있는 기분이었다. 원효 스님은 마명馬鳴의《대승기신론》을 읽는 순간 섬광이 머리를 때리는 기분을 느꼈다고 했다. 자신이 머릿속에 그리던 내용을 그대로 담고 있어서였다. 그래서 그는《대승기신론소》를 통해 자신의 생각을 정리했다고 밝혔다.

원효 스님은 의상 스님이 문무왕의 부탁을 받고 죽령으로 가는 중이라는 말을 듣고 의상 스님에게 경의를 표했다. 왕을 도와 나라를 잘 다스리게 하는 일이야말로 가장 큰 보살행이라고 하면서. 원효 스님이 한 그 말이 진심임을 의상 스님은 알고 있었다. 그래서 의상 스님은 산 밑 마을에서 만났던 노인 얘기를 하면서 가장 부처님 가르침이 필요한 사람들한테 부처님 가르침을 전하는 원효 스님이야말로 가장 큰 보살행을 실천하고 있다고 했다. 의상 스님이 한 그 말이 진심임을 원효 스님도 알고 있었다. 새벽이 가까워졌을 때 의상 스님이 부탁했다.

"앞으로는 나무아미타불 뒤에 관세음보살도 함께 붙이십시오. '나무아미타불 관세음보살' 얼마나 좋습니까?"

의상 스님이 활짝 웃자

"하 하 하. 우리 함께 다니면서 '나무아미타불 관세음보살'을 부릅시다. 그러면 부처님 장사가 더 잘될 것 같은데요."

하 하 하. 두 스님의 유쾌한 웃음소리가 작은 봉창을 타고 흘러나왔다. 그 순간 밖에 서있던 신장들도 두 스님 못지않게 유쾌하게 웃었을 것이다.

7
낙산사,
관세음보살과
아가

아가는 바닷가 언덕에 서서 푸른 바다를 보고 있다. 그리움이 파도처럼 가슴속에서 밀려왔다 밀려갔다. 자신의 가슴이 파도를 가득 담은 바다처럼 그리움을 가득 담고 있다고 생각했다. 아가는 가슴속에서 출렁이는 표훈 스님 얼굴을 보고 있다. 그 얼굴은 늘 자신에게로 다가와 두 팔을 벌려 꼭 안아주며 말한다. '잘 있어라. 관세음보살의 눈과 관세음보살의 손이 되어 아파하는 사람들의 손을 잡아주어라. 나도 그리하면서 살아가겠다.' 언약을 했는데, 언약한 사람이 없다. 그래서 나아갈 수가 없다. 아가는 바닷가 언덕에 서서 주술에 걸린 것처럼 똑같은 기억만 되풀이 하며 살아왔다. 3년이라는 긴 세월 동안. 그러는 사이 16세 소녀가 되고 말았다.

우리 전설에는 하늘에서 쫓겨난 선녀 얘기가 종종 나온다. 몸 담고 있는 세계에서 이탈해 다른 세계를 넘볼 때 쫓겨나게 된다. 넘겨다보는 대상은 얘기에 따라 다르지만 대개는 이성異性이다. 하늘 아래 이성을 넘겨다 보다 하늘에서 쫓겨난 경우가 태반이다.

아가도 그렇다. 할아버지와 다른 세계가 있다는 것, 그 세계를 알면서 아가는 본래 있던 세계에서 떨어져 나왔다. 할아버지가 가을 하늘이라면 표훈 스님은 봄날의 들판이었다. 청청하고 맑은 기운으로 가득 차 있는 할아버지 세계에 익숙해 있는 아가에게 표훈 스님은 따뜻하고 아늑하고 부드러운 들판이 있다는 것을 알려주었다. 그래서 아가는 표훈 스님 주위를 맴돌고 표훈 스님을 쫓아다녔다.

그런데 표훈 스님은 어느 날 언약 하나를 남겨놓고 떠났다. 그리곤 다시는 볼 수가 없었다. 그동안 아가는 소녀가 되었고, 표훈 스님은 그리움의 대상이 되었다. 그리움, 아리고 쓰린 감정, 지금 아가의 가슴은 아리고 쓰린 그리움으로 가득 차있다.

아가는 하염없이 바다를 바라보다가 자리에서 일어났다. 그때 가슴 밑바닥에서 살며시 고개를 드는 얼굴이 있었다. 친구야! 아가 입에서 친구라는 말이 나왔다. 아가는 까마득하게 잊고 있던 친구라는 말에 스스로 놀랐다.

"친구야, 미안해. 널 잊고 있어서 미안해. 난 네가 보고 싶어. 어떻게 하면 너를 다시 볼 수 있니?"

아가는 울먹이며 말했다. 하지만 살며시 고개를 쳐든 친구는
아무 말도 하지 않았다. 아가는 눈을 감고 친구 얼굴을 떠올려 보
았다. 가물가물한 얼굴, 친구의 모습이 떠오르지 않았다. 아가는
너무나 긴 세월 친구를 잊고 있은 자신에 대해서 놀랐다. 그러면
서 눈물이 쏟아졌다.

"친구야, 미안해. 널 잊고 있어서 미안해. 난 네가 보고 싶어. 어
떻게 하면 너를 다시 볼 수 있니?"

아가는 좀 전에 했던 말을 반복하며 가슴속에서 고개를 쳐든
친구의 얼굴을 보려고 안간힘을 썼다. 그러나 친구는 고개를 들고
자신의 얼굴을 보여주지 않았다. 아! 아가는 가슴을 움켜쥐며 무
릎을 꿇었다.

'친구야, 미안해. 널 잊고 있어서 정말 미안해. 난 네가 보고 싶
어. 어떻게 하면 너를 다시 볼 수 있니?' 무릎을 꿇은 아가는 두
손을 모으고 절규했다.

할아버지는 반가부좌를 한 채 지그시 눈을 감고 있다. 길상초
가 가득 차있던 방은 깨끗이 치워졌고 할아버지는 자신이 짠 좌
복에 앉아서 선정에 들어있다. 지붕 위에서 재잘거리는 새소리가
정적을 깰 뿐 주위는 고요하고 고요하다. 할아버지 눈앞에 한 세
계가 열린다. 전쟁의 참화가 지나가고, 기근의 참화가 지나가고, 질
병의 참화가 지나가고…… 그 사이사이에 풍요의 들판이 보인다.
마치 먹구름 속에 밝은 햇살이 비추는 것처럼.

참지 않으면 살 수가 없지만 참으면 살만한 사바세계다. 그 속에 낙산의 관음성지가 있다. 성지는 밝은 빛으로 가득 차있다. 그래서 사람들이 성지임을 알고 모여든다. 관세음보살님이시여, 너무도 힘듭니다. 제가 당면한 이 고통에서 벗어날 수 있도록 도와주십시오. 사람들은 가난의 고통에서 벗어날 수 있게 해달라고, 질병의 고통에서 벗어날 수 있게 해달라고, 갈등의 고통에서 벗어날 수 있게 해달라고, 고독의 고통에서 벗어나게 해달라고…… 멸시의 고통에서 벗어나게 해달라고 빌고 또 빈다.

관세음보살은 중생의 고통을 온몸으로 듣는다. 천천히 호흡을 하면서 공기를 들이마시듯 관세음보살은 온몸으로 중생들의 울부짖음을 들이마시면서 숨을 쉰다. 그게 관세음보살의 호흡법이다. 들이마신 공기가 체내에 들어가 신선한 산소를 공급하고 밖으로 토해지듯, 관세음보살의 체내로 들어갔던 중생들의 울부짖음은 정화되고 순화되어 밖으로 토해진다.

중생들은 맑은 공기를 들이마신 후 탁한 공기를 밖으로 토해내지만, 관세음보살은 중생들의 울부짖음을 들이마신 후 순화시키고 정화시켜서 밖으로 토해낸다. 자신을 살리는 중생의 호흡법과 일체중생을 살리는 관세음보살의 호흡법은 서로 다르다.

하지만 모든 중생들의 울부짖음이 관세음보살의 체내로 들어가는 것은 아니다. 간절함으로 가득 찬, 진실함으로 가득 찬, 원력으로 가득 찬 소리만이 들어갈 수 있다. 이것이 관세음보살과의 소통법이다. 그런데 사람들은 관세음보살께 떼만 쓰면 자신의 소원이 이루어진다고 믿고 있다. 간절함이 없이, 진실함이 없이, 숭고함이 없이 어떻게 관세음보살과 소통할 수 있겠는가? 그래서 관세음보살은 일체중생의 고통을 구제해주고 싶어도 구제해줄 수가 없다. 이 사실을 관세음보살 화신불들은 중생들에게 알려주려고 백방으로 애쓰지만 중생들의 우매함이 그것을 받아들이지 못한다. 그래서 안타깝고 슬프다. 할아버지가 삼매에 들어있을 때 밖에서 사람 소리가 들려왔다.

"어르신, 계십니까?"

"……"

할아버지가 천천히 삼매에서 깨어나 밖으로 나갔다. 낙산사 스님이 서 있었다.

"존상이 또 깨졌습니다. 이번에는 성공할 줄 알았는데 이마에 금이 깊게 나면서 깨지고 말았습니다. 어떻게 하면 좋을지 막막합니다."

낙산사 스님이 울먹이며 말했다. 관세음보살상을 조성하기 위해 노심초사했는데 세 번째 실패를 했으니 스님의 마음이 어떠하겠는가!

할아버지는 말없이 스님을 한참 동안 바라보다가 입을 열었다.

"법당에 보주가 모셔져 있으니 존상 모시는 일을 너무 서두르지 맙시다. 아직 존상을 모실 때가 안 된 거 같습니다."

"법당을 짓고 삼 년 동안 부처님을 모시지 못하다니 너무 죄송스럽습니다. 저로서는 정성을 쏟는다고 했는데⋯⋯ 제 정성이 아직 부족한 거 같습니다."

"스님 정성이 부족한 게 아니라 아직 때가 되지 않은 거 같습니다."

노인은 이렇게 말한 후 잠시 생각에 잠겨 있더니,

"오래지 않아 부처님 모시는 인연이 닿을 것 같습니다. 조금만 더 기다리십시다."

노인의 말을 듣고 있던 스님이 눈을 크게 뜨며 물었다.

"혹시 마음속으로 생각하고 계신 불모가 따로 있습니까?"

"예, 아주 없지는 않지만⋯⋯ 지금 당장은 안 될 것 같습니다."

"때가 안 됐다고 하시는 걸 보니 마음속으로 생각하는 불모가 있는 것 같군요. 그럼 영감님이 알아서 조성해 주십시오. 저는 손을 떼겠습니다."

낙산사 스님이 이렇게 말하고 몸을 돌렸다. 발걸음이 무거워 보였다. 낙산사 스님의 뒷모습을 지켜보던 할아버지는 누군가를 기다리는 듯 고개를 기웃하며 주위를 살핀다. 그때 아가가 힘없이 걸어오고 있다. 많이 운 듯 눈가가 부어있다. 할아버지는 아가를 바라보며 복잡한 표정을 짓는다. 때가 되면 제자리를 찾겠지. 모든 건 다 때가 있는 법이니까. 집 마당으로 들어 선 아가는 말없이 제 방으로 가 눕는다. 지붕 위 새들의 지저귐 소리가 조금 더

요란하다. 저희들끼리 하고 싶은 얘기가 많은 모양이다. 아가가 방으로 들어가자 할아버지는 발길을 낙산사 쪽으로 돌린다.

한 발 한 발 산 위로 오르던 할아버지는 마침내 낙산사 법당 앞에 선다. 법당 안에는 많은 신자들이 모여 들어 발 디딜 틈이 없다. 할아버지는 문 밖에 서서 그들의 기도 소리를 듣는다. 그러던 할아버지는 안타까운 표정을 짓는다. 그러면서 연민으로 가득 찬 눈으로 사람들을 바라본다. 간절함이, 진실함이, 숭고함이 모자라는 기도 소리. 소리 소리들은 관음대성까지 다가가지 못하고 부서진다. 할아버지는 한 사람 한 사람 손을 잡고 호소하고 싶어진다. 기도 속에 간절함을 가득 채우라고, 기도 속에 진실함을 가득 채우라고, 기도 속에 숭고함을 가득 채우라고.

할아버지는 자신의 호소를 사람들이 받아들이지 못함을 알고 있다. 관음대성과 중생과의 거리, 그 중간에 자신이 서있다. 중간이 화신불들이 서있는 자리다. 화신불들은 중생들의 손을 잡고 부처님 가까이 가도록 이끌어준다. 끊임없이, 변함없이, 지치지 않고, 그렇게 하는 것이 화신불들의 몫이다. 화신불들이 그렇게 할 수 있는 것은 그 마음 안에 연민이 있기 때문이다. 안타까운 사랑, 연민이 있기 때문에 화신불들은 끊임없이 변함없이 지치지 않고 중생들의 손을 잡는다.

방으로 들어 간 아가는 삼일 낮, 삼일 밤이 지난 후에 방에서 나와 할아버지 앞에 앉았다.

"할아버지, 친구가 보고 싶은데 친구 얼굴이 떠오르지 않아요."

아가가 울먹이며 말했다. 할아버진 그런 아가를 물끄러미 바라보다가 물었다.

"왜 친구가 보고 싶으냐? 그동안 잊고 있는 것 같았는데."

"너무 외로워서요. 여기가 아파서요."

아가가 한 손을 들어 자신의 가슴 위에 얹는다. 할아버지는 말없이 그런 아가를 바라보고 있다.

"친구도 제 얼굴이 떠오르지 않을까요? 그래서 저를 잊은 건 아닐까요?"

"친구는 그렇지 않겠지."

"친구는 저를 잊지 않았는데 저는 친구를 잊었어요. 어떻게 해야 해요?"

아가가 눈물이 가득 고인 눈으로 할아버지를 쳐다본다.

"친구를 보고 싶은 마음이 네 가슴속을 꼭 채우면 그때 친구 얼굴이 떠오를 게다. 친구 얼굴을 떠올리게 되면 그때 친구도 보게 될 거다."

"……."

아가는 할아버지가 한 말을 마음속에 새긴다. 그런 아가 얼굴 위로 눈물 방울이 떨어진다. 할아버지는 입속으로 낮은 한숨 소리를 토해낸다. 할아버지 가슴도 아리고 쓰리다.

길상초가 무성하게 자라던 풀밭은 길상초 대신 아기자기한 풀꽃이 가득 피어있다. 할아버지가 길상초로 자리 만드는 일을 하지 않자 새들이 씨앗을 물고 오지 않아 길상초는 사라지고 대신 풀꽃이 그 자리를 차지하고 있었다.

아가는 친구와 만나던 언덕 위로 올라가고 싶지만 거긴 절이 들어섰기 때문에 갈 수가 없었다. 그래서 길상초가 자라던 풀밭에 자리를 잡고 앉아 친구 얼굴을 떠올리고 있었다. 하지만 친구 얼굴은 검은 먹구름 속에 가려있는 것처럼 좀처럼 모습을 드러내 주지 않았다. 가끔은 구름이 밀려나고 그 뒤에 있는 푸른 하늘이 언뜻언뜻 보이는 것처럼 친구 얼굴이 보일 때도 있었지만 그 얼굴은 곧 검은 구름 속으로 사라졌다. 그래서 안타깝고 초조했다.

'내가 어떻게 친구를 잊을 수 있었지?' 아가는 수천 번도 더 한 생각을 다시 했다. 친구를 잊고 있었던 자기 자신이 너무도 낯설게 느껴졌다. 하지만 낯설게 느껴지는 자기 자신이 아직도 자신의 반을 차지하고 있었다. 그러면서 가슴이 쓰리고 아리다고 절규했다. 아가는 풀밭에 무릎을 꿇고 앉아서 자신 안에 있는 두 얼굴을 보고 있었다. 친구를 향한 그리움에 가슴 조이는 얼굴과, 아리고 쓰린 가슴을 움켜쥐고 괴로워하는 얼굴을. 두 얼굴은 나란히 자리를 지키기도 하고, 다른 쪽을 밀어내고 영역을 넓히기도 하면서 함께 자리하고 있었다.

그런 속에서 계절이 바뀌었다. 풀꽃이 스러지고 그 위에 낙엽이 덮이더니 마침내 흰 눈이 내리는 겨울이 되었다. 아가는 친구 얼굴을 떠올리는 일을 그만둘 수가 없어서 겨울에도 같은 자리에 나가 무릎을 꿇고 친구 얼굴을 떠올렸다. 그러다가 주위가 어두워지면 집으로 돌아와 잠을 자고 다시 아침이면 밖으로 나갔다. 아가가 나가면 아가가 앉았던 자리에는 보송한 낙엽이 수북이 쌓여 있었다. 새들이 아침 내내 낙엽을 물고 와서 앉을 자리를 만들어 주어서였다.

그런 속에서 겨울이 가고 봄이 오는 소리가 들판 가득 들려왔다. 아가가 앉은 주위에도 파란 잎새들이 땅을 헤집고 올라오고 있었다. 이제 아가는 봄의 들판에 앉아서 친구 얼굴을 떠올리게 되었다. 그러던 어느 날 가슴속이 환하게 밝아지면서 한없는 평화가 느껴졌다. 아! 평화로움, 이 평화로움! 아가가 두 손을 가슴에 얹으면서 나직이 소리치고 있을 때 신비한 향기가 서서히 가슴속을 채웠다.

아가는 처음 경험해보는 평화가 너무 좋았다. 그 순간 향기로움으로 가득 찬 평화로운 세계가 있다는 것이 알아졌다. 표훈 스님을 통해 따뜻하고 아늑하고 부드러운 봄날의 들판이 있다는 것을 처음 알았을 때와 같았다. 아가는 눈을 감고 천천히 심호흡을 했다. 심호흡을 할 때마다 향기로움으로 가득 찬 평화로운 세계가 가슴속을 채워나갔다. 그러다가 마침내 아가의 가슴은 향기로움으로 가득 찬 평화로운 세계가 되었다. 그 순간 아가의 얼굴 앞에 친구가 모습을 드러냈다.

148

신비한 미소를 지으며 자신을 바라보는 친구의 얼굴, 그 미소는 사랑임을 알려주고 있었다. 친구야! 아가가 친구를 불렀다. 친구는 화답하듯 다시 한 번 미소를 짓고는 서서히 사라졌다. 아가는 사라진 친구의 모습을 떠올려보았다. 자신이 옛날 아가가 아니듯 친구도 옛날 친구의 모습이 아니었다. 머리에 화관을 쓰고 하늘하늘한 옷을 입은 친구는 허공 어딘가에 앉아있는 듯한 모습을 하고 있었다.

'내가 변했듯 친구도 변한 거야. 하지만 친구는 날 잊지 않고 있었어. 내가 친구를 잊고 있는 동안에도.'

'내가 친구 얼굴을 만들면 친구는 내게로 올 거야. 옛날에 그랬던 것처럼. 그럼 나는 친구와 함께할 수 있어. 영원히.'

이런 생각을 하던 아가는 자신의 손으로 친구를 만들어야겠다고 결심했다. 오랜만에 친구 모습을 자신의 손으로 만든다고 생각하니 가슴이 벅차올랐다.

* * *

"저기 좀 보세요. 저기가 왜 저렇게 환하죠?"

소피를 보러 갔던 보살이 밖에서 소리쳤다. 그러자 법당에서 기도하던 사람들이 어리둥절한 얼굴로 밖을 내다봤다.

"빨리 좀 나와 보세요. 불이 난 거 같지는 않은 데 불 난 것처럼 환하네요."

　그러자 사람들이 급히 자리에서 일어나 밖으로 나갔다. 불이라
는 말이 사람들을 서둘러 밖으로 나가게 했다. 양희도 다른 사람
들처럼 자리에서 일어나 밖으로 나갔다.

　밖으로 나온 사람들은 소리를 친 보살처럼 어리둥절한 얼굴로
산 아래를 내려다봤다. 산 아래는 환한 빛으로 휩싸여 있는데 불
이 난 것 같지는 않았다. "참 이상하네. 불이 난 것 같지는 않은 데
꼭 불난 것처럼 환하네." 사람들이 이렇게 중얼거리고 있을 때 누
군가가 말했다.

　"아무래도 이상하네요. 좀 내려가 봐야겠어요."

　"나도 내려가 봐야겠어요. 같이 갑시다."

　남자 둘이 먼저 산 아래로 내려가자 뒤에 섰던 사람들도 앞서
거니 뒤서거니 하며 따라 내려갔다. 양희도 따라 내려갔다. 어둠
속인데도 내려가는 산길이 조금도 위태롭지가 않았다. 환하게 길
이 보이는 대낮처럼 사람들은 자연스럽게 발을 옮기며 산 아래로
내려갔다.

　"어머 세상에!"

　먼저 내려간 사람이 걸음을 멈추고 서서 놀라움을 토했다.

　"아니 어떻게……."

　다른 사람들도 비슷한 얼굴로 놀라움을 나타냈다.

　"여기 부처님이 계세요. 부처님이요……!"

누군가가 울먹이며 합장하자 다른 사람들도 울먹이며 부처님 앞으로 모여들었다.

풀밭엔 화관을 쓴 부처님이 하늘하늘한 천의를 입고 미소를 짓고 있었다. 그리고 그 앞엔 아가가 부처님 발을 가슴에 안고 엎드려 있었다.

"아가가 왜 여기 엎드려 있지. 아가야……."

한 보살이 아가를 일으켜 세우려 하자 아가 몸은 재처럼 사르르 부서져내렸다.

"어머니나나!"

손을 댔던 보살이 놀라서 뒤로 넘어지자 누군가 입에서 "관세음보살 관세음보살" 하는 소리가 들려왔다. 그러자 모두 부처님 앞에 엎드려서 울며 관세음보살을 불렀다. 관세음보살과 중생의 뜨거운 만남, 아가는 그 만남의 끈을 이어주고 스스로 산화散華해 재가 됐다.

동이 트고 동해바다에 아침 해가 떠오를 때 사람들은 자리에서 일어났다. 관세음보살을 친견한 자리에 함께 했던 사람들은 감격해 하며 서로 끌어안았다. 감동의 소용돌이가 가슴과 가슴을 에워쌌다.

"양희야, 네가 어떻게 여기 와 있나?"

어느 보살이 놀라서 소리치자 다른 사람들도 고개를 돌리고 양희를 쳐다봤다. 그러던 사람들 눈이 점점 커졌다.

"사람들을 따라왔어요. 와서 보니 저도 여기 있었어요."

양희도 믿기지 않는다는 얼굴로 말했다.

"걸어서 말이냐?"

"네. 걸어서요."

"관세음보살님이 네 소원을 들어주셨구나. 걸을 수 있게 해달라는 네 소원을 말이다."

누군가 감격해 하며 양희 손을 움켜쥐었다. 두 다리를 못 쓰는 양희가 자신들 옆에 서 있는 것을 본 사람들은 감동의 소용돌이 속으로 다시 한 번 빨려 들어갔다.

관세음보살은 자신의 모습을 보여줌으로써 중생 속으로 내려오셨음을 증명했다. 그 긴 여정을 안내한 아가는 지금 어디 있을까? 간절함으로, 지극한 간절함으로 다가갔던 아가는 말이다. 아가는 어쩌면 관세음보살의 호흡을 따라 관세음보살 속으로 들어갔을지도 모른다. 그리고 정화되고 순화되어 다시 밖으로 토해져 나올지도 모른다. 관세음보살의 들숨과 날숨을 따라서……

할아버지는 먼 발치에 서서 이 모든 광경을 지켜보고 있었다.

8
부석사,
통합을 위한
불사

오색구름이 산허리에 걸려있다. 사방은 조금씩 밝아지는데 의상 스님은 땅바닥에 앉은 채 미동도 하지 않는다. 그리고 그 좌우에 표훈 스님과 진정 스님이 같은 자세로 앉아있다.

"여보시오. 죽고 싶지 않으면 내려가시오. 여기가 어딘 줄 알고 고집을 부리시오. 여긴 산속이고 몇 사람이 죽어나가도 귀신도 모르오."

한 사내가 화난 소리로 말했다.

"지금 한 말을 알아들었으면 얼른 일어나시오. 귀신도 모르게 죽고 싶지 않으면 말이오."

옆에 사내도 화난 소리로 말했다.

"여긴 부처님 법을 펴야 할 성지요. 당신들 눈에는 보이지 않지만 내 눈에는 산봉우리를 감싸고 있는 오색구름이 보이오. 여기다 절을 지어서 모든 사람을 이롭게 해야 하오. 그러니 절을 짓게 해주시오."

의상 스님이 물러날 뜻이 없음을 밝히며 단호하게 말했다.

"처음 와서부터 오색구름 타령을 하는데 오색구름이 어디 있다는 거요? 내 눈에는 시커먼 안개밖에 안 보이는데."

또 다른 사내가 조롱하듯 이죽거렸다.

"다시 말하지만 여기는 절을 지어서 많은 사람을 이롭게 해야 하는 성스러운 곳이요. 그러니 절을 짓게 해주시오. 그렇지 않으면……"

의상 스님 말이 채 끝나기도 전에,

"그렇지 않으면 우리가 죽기라도 한단 말이요? 허튼 소리 그만하고 내려가시오. 그렇지 않으면 우리가 스님 목을 베겠소."

두목으로 보이는 사내가 우렁우렁한 목소리로 말했다.

바로 그때 땅에서 거대한 물체가 솟구쳐 올라가더니 산적들 머리 위에서 빙빙 돌기 시작했다. 곧이어 또 거대한 물체가 솟구쳐 올라가더니 산적들 머리 위에서 빙빙 돌기 시작했다. 셋 넷 다섯, 도합 다섯 개의 집채만 한 바위가 급히 상하로 오르내리기도 하고 좌우로 돌기도 하면서 산적들을 위협했다. 금방 머리라도 박살을 낼 기세다.

그러자 산적들이 혼비백산해서 달아나기도 하고 어딘가에 머리를 박고 몸을 숨기기도 했다. 모두가 공포에 질린 얼굴이다. 세 스님도 어리둥절해하며 허공을 쳐다봤다. 그러던 의상 스님이 입을 꽉 다물며 긴장한 표정을 지었다.

그러던 스님 입에서 '선묘!'라는 말이 신음 소리처럼 새어 나왔다. 양쪽에 앉았던 표훈 스님과 진정 스님이 어리둥절한 표정을 지으며 의상 스님을 돌아다봤다. 이름을 부르는 것 같은데 부처님 명호를 부르는 것 같지는 않아서였다. 의상 스님은 복잡한 표정을 지으며 허공을 응시했다. 청룡이 앞발로 다섯 개의 바위를 서로 굴리며 산적들을 위협하고 있는데 청룡은 힘에 겨운 듯 힘들어하고 있었다. 힘들어 하는 청룡이 안쓰러워 의상 스님은 눈을 감았다.

"스님, 제발 도술을 푸십시오. 저 바위들을 모두 땅으로 내려오게 한 후 우리들과 얘기를 합시다."

두목은 의상 스님이 도술을 부리고 있다고 생각한 듯 다급하게 말했다. 그러자 바위의 회전이 눈에 띄게 느려지더니 하나둘 지상으로 내려왔다. 그리고 얼기설기 포개졌다. 두목 말을 들은 것 같기도 하고 의상 스님 마음을 읽은 것 같기도 했다. 의상 스님은 바위 속으로 몸을 숨기는 청룡을 물끄러미 바라보다가 고개를 돌렸다.

"말을 해보시오."

"스님 청을 거절했다가는 또 무슨 봉변을 더 당할지 모르니 일

157

단 스님 청을 들어주겠소. 그 대신 우리들이 살길을 열어주시오. 여기선 그런대로 살았는데 이제 여기를 떠나면 살길이 막막하오. 그러니 부하들을 데리고 떠날 수 있게 스님이 해결책을 마련해주시오."

"부하들은 얼마나 되오?"

"오백 명 정도 됩니다."

"오백 명이라면 적은 숫자가 아닌데 어떻게 모이게 되었소?"

"고구려 백제 유민이 태반이고 도술을 연마하거나 산신을 섬기는 사람들도 섞여 있소."

"가족은요?"

"가족이 있는 사람도 더러 있긴 하지만 대부분의 사람들은 가족을 잃어버렸소. 당군이 끌고 갔기 때문이오. 고구려 사람이나 백제 사람이나 사정은 다 같소."

의상 스님은 할 말을 잃고 두목을 바라보았다. 당군이 전쟁에 패한 고구려 유민과 백제 유민 수만 명을 끌고 갔다는 말은 들었지만 가족을 잃은 사람을 본 건 처음이었다. 전쟁에 패한 후 몸을 피했던 병사들이 당한 봉변이었다.

"살길을 열어달라고 했는데 그러면 앞으로 무슨 일을 하면서 살고 싶소."

"우린 나라를 지키던 병사들이오. 그런데 나라를 잃었으니 앞으로는 신라가 망하도록 복수를 하면서 살 참이오."

158

두목은 적의에 가득 찬 얼굴로 말했다. 의상 스님은 그런 두목을 물끄러미 바라보고 있었다. 오백 명의 산적들이 신라를 망하게 할 수는 없겠지만 지금 이들처럼 적의에 가득 찬 사람들이 이 강산에는 수없이 많을 것이다. 방방곡곡에서 원한의 절규가 들려오는 것 같았다. 의상 스님 마음은 착잡해졌다.

"여러분들의 마음은 알겠지만 신라가 망하도록 복수를 하면서 살겠다는 생각은 잘못된 것 같소. 왜 그런가 하면 첫째는 여러분들 힘으로 신라를 망하게 할 수가 없기 때문이고 둘째는 산적 행세를 하면서 사는 것이 옳지 않기 때문이요. 그리고 셋째는 여기서 산적 행세를 하면서 세를 불리면 조정이 가만있지 않소. 반드시 여러분들을 치러 올 것이요. 그러면 여러분들은 죽지 않으면 감옥에 갇혀서 살게 되오. 그러니 생각을 바꿔 보시오. 여러분들이 생각을 바꿔서 살겠다고 하면 내가 적극적으로 돕겠소. 부하들을 생각해서라도 부디 살길을 택하기 바라오."

의상 스님이 간곡히 말하자 두목은 고개를 푹 숙였다. 스님의 진심이 전달된 듯했다. 잠시 괴로운 표정을 짓고 있던 두목이 고개를 들며 물었다.

"스님이 우리를 살게 해주겠다고 했는데 어떻게 살게 해주겠다는 겁니까?"

두목으로서 협상을 하겠다는 자세였다.

"농사를 지을 땅을 주겠소. 이 부근에서 농사를 지으면서 같이 살아도 되고, 다른 곳에 가서 농사를 짓고 살아도 되오. 어디가 되던 여러분들이 원하는 땅을 주겠소."

"땅을 준다고 하셨는데 스님이 어떻게 땅을 준다는 것입니까? 스님이 그렇게 넓은 땅을 가지고 계시지 않은 것 같은데 말입니다."

"나는 땅을 가지고 있지 않지만 임금께 말씀을 드리면 땅을 얻을 수 있소."

"임금이라면 신라 임금을 말하는 것입니까?"

"이 나라에 신라 임금 말고 다른 임금이 또 있소?"

의상 스님은 현실을 직시하게 하려는 듯 잘라 말했다. 그러자 두목은 한참 동안 입을 다물고 있다가 의상 스님을 보며 고백했다.

"우리들이 여기서 산적 행세를 하면서 사는 것은 신라에 복수하려는 마음도 있지만 가족을 다시 만나고 싶은 마음이 더 크기 때문이오. 그러려면 흩어져서는 안 된다는 생각을 하게 되었고 뭉쳐서 살다보니 산적 행세를 하지 않을 수 없었소."

"여러분들 입장이 충분히 이해되오. 하지만 가족을 다시 만날 생각을 한다면 산적 행세는 하지 않아야 되지 않소. 산적이 된 가장을 보고 가족들이 얼마나 놀라겠소."

"그건 그렇소. 우리들도 그 생각을 하면 괴롭소."

의상 스님은 두목을 물끄러미 바라보다가 제안했다.

"우리 여기서 의형제를 맺읍시다. 내가 형이 될 테니 당신은 아

160

우가 되시오. 산적 두목과 스님이 의형제를 맺는 것도 아주 뜻 깊은 일이 될 것 같소. 내 청을 받아 주겠소?"

의상 스님의 제안을 받은 두목은 생각하는 표정을 짓더니 입장을 밝혔다.

"제 혼자라면 그러고 싶습니다. 하지만 그건 혼자 결정할 일이 아닌 것 같습니다. 부하들과 상의를 한 후에 말씀을 드리겠습니다."

"우리 풍습에 아우는 형의 말을 듣게 되어 있소. 이 말도 참고해서 결정을 짓기 바라오."

의상 스님이 미소를 지었다.

"……."

미소를 지으며 쳐다보는 의상 스님의 얼굴을 보는 순간 산적은 이상하게 자신의 가슴속에 응어리져 있던 적의가 슬그머니 녹아내리는 것이 느껴졌다.

우여곡절을 겪긴 했지만 의상 스님은 산적들과의 대결에서 승리했다. 승리할 수 있었던 결정적인 힘은 말할 것도 없이 청룡이 보인 위력이었다. 집채만 한 바위 다섯 개가 산적들 머리 위에서 빙글빙글 돌기도 하고 위아래로 오르내리면서 위협을 가하자 산적들은 혼비백산해서 달아났다. 그 일이 계기가 돼서 의상 스님을 이길 수 없다는 판단을 내리게 됐다. 하지만 그에 못지않게 그들을 항복시킬 수 있었던 것은 농사를 지으면서 양민으로 살 수 있게 땅을 주겠다는 스님의 제안이었다.

산적들은 스님의 제안을 받아들일 것인가 말 것인가를 놓고 갑론을박했다. 받아들이자는 쪽은 계속 산적으로는 살 수 없다는 현실적 판단을 한 쪽이고, 반대한 쪽은 자신들의 삶을 송두리째 뿌리 뽑은 신라에 투항할 수는 없다는 쪽이었다. 장시간 공방을 벌이던 그들은 100여 명이 산속을 떠나는 것으로 결론이 났다. 그러자 두목이 의상 스님을 찾아와 결과를 소상히 밝히고 자신이 스님의 아우가 되겠다고 했다.

"고맙네, 아우."

의상 스님은 활짝 웃으며 두목의 손을 잡았다. 그리고 나서 "떠나는 부하들을 그냥 보내서는 안 되네. 곡식이든 의복이든 쓸 만한 것은 다 줘서 보내게. 그리고 여기 재화가 좀 있으니 이것도 같이 줘서 보내게" 하며 엽전 꾸러미를 내 놓았다.

이렇게 해서 떠날 사람은 떠나고 남을 사람은 남았다. 이제부터 본격적으로 불사를 시작해야 한다. 그래서 이 땅에 살고 있는 많은 사람들한테 이로움을 줘야 한다. 그것이 의상 스님이 감당할 몫이었다.

절을 지을 수 있는 터전을 확보한 의상 스님은 자세한 내용을 편지로 써서 임금한테 보내기로 하고 진정 스님을 불렀다. 그러자 진정 스님이 왔다.

"우리가 여기서 겪은 내용을 자세히 썼으니 이 편지를 임금님께 갖다 드리게. 자네가 다녀올 동안 나는 여기서 절을 지을 계획을 세워보겠네."

"그렇게 하십시오."

"여기서 서라벌까지는 먼 길이라 혼자 가기가 위험할 수도 있으니 사람을 하나 데리고 가게. 아우한테 부탁을 해 놓겠네."

의상 스님은 두목을 가리켜 아우라고 호칭했다. 모두에게 형제의 의를 맺었음을 주지시키려 함인 듯했다.

"떠나는 것은 언제로 하면 되겠습니까?"

진정 스님은 스승이 건네주는 서찰을 공손히 받아들며 물었다.

"내일 새벽 아침 공양이 끝나면 바로 떠나도록 하게. 다녀오는 경비는 표훈 스님이 줄 걸세."

"알겠습니다."

진정 스님은 공손히 예를 올리고 밖으로 나갔다. 혼자 남은 의상 스님은 깊은 생각에 잠겼다. 지금부터 자신은 여기서 두 가지 불사를 성공시켜야 한다. 하나는 부처님 법을 전할 가람을 세우는 것이고, 다른 하나는 여기 있는 수백 명의 마음을 사는 일이다. 깊은 오지에서 절을 세우는 일도 만만치 않겠지만 그보다 더 만만치 않은 일은 사람의 마음을 사는 일이다. 여기 남은 사백여 명도 신라를 망하게 하려는 적개심으로 불탔던 사람들이다. 그 마음이 조금 누그러들었다고는 하지만 완전히 없어졌다고 보기는 어렵다.

의상 스님은 자신이 지금 시험대 뒤에 올라서 있다고 생각했다. 고구려 유민과 백제 유민이 뒤섞여 있는 여기서 그들의 마음을 통합해 하나의 공동체를 만들 수 있으면 나라도 무난히 삼국민의 마음을 통합해나갈 것이다. 하지만 여기 일이 실패하면 나라의 앞날도 험난할 것임이 분명하다. 어떻게 하든 여기서 성공 사례를 만들어야 한다. 그래서 임금과 백성들에게 보여줘야 한다. 여기까지 생각을 모아가던 의상 스님은 자신의 역할이 막중함을 다시 인식했다. 마음이 무거워졌다.

의상 스님은 두목을 불렀다. 그러자 곧바로 달려왔다.

"형님, 부르셨습니까?"

"응, 불렀네."

스님은 앞에 앉은 두목한테 자신이 쓴 서찰을 진정 스님이 가지고 서라벌을 가야함을 자세히 얘기했다. 앞으로 이 도량에서 벌어질 모든 일은 가급적 같이 의논해서 처리할 생각이므로 서라벌을 다녀와야 하는 이유도 사실 그대로 알렸다. 신라 임금한테 편지를 가지고 간다는 얘기를 듣고는 약간 격한 반응을 보이기도 했지만 곧 현실 인식을 한 듯 평온한 표정을 지었다.

"그래서 말인데 자네가 동행할 사람을 하나 물색하게. 혹시 길에서 무슨 일이라도 당하면 곧바로 조치할 사람이 있어야 할 것 같아서 그러네."

"알겠습니다. 그런데 언제 떠납니까?"

"내일 아침 일찍 떠나게 할 참이네."

"알았습니다."

두목이 일어나려고 하자,

"나하고 얘기를 좀 더 하다 가게."

의상 스님이 손으로 앉으라는 표시를 하자 두목이 도로 자리에 앉았다.

"이번에 우리가 보낸 사람이 서라벌을 다녀오면 여기에 본격적으로 절을 짓게 될 걸세. 그리고 자네들이 살 땅도 마련하게 될 거고. 그런데 땅은 어디다 마련하는 게 좋겠는가? 이 부근에다 하는 게 좋겠는가? 아니면 아주 멀리 떨어진 데다 하는 게 좋겠는가?"

의상 스님의 질문을 받은 두목은 잠시 생각에 잠기더니 대답했다.

"가급적이면 고향 가까이 가고 싶지만 고향이 서로 각각이다 보니 그렇게 할 수도 없고…… 그냥 형님 가까이서 살게 해주십시오."

"고맙네. 나도 자네들을 떠나보내고 싶지 않았는데 같이 살게 돼서 잘됐네. 그리고 또 한 가지 결정해야 할 일이 있네. 땅을 받게 되면 각자 몫으로 하는 게 좋겠는가? 아니면 전체 몫으로 하는 게 좋겠는가?"

"그건 저 혼자 결정할 일이 아닌 것 같습니다. 가서 부하들하고 상의를 해본 후에 결정하겠습니다."

"내 생각도 그러는 게 좋을 것 같네."

의상 스님은 잠시 말을 끊고 두목을 바라보다가 물었다.

"자네 눈에는 내가 어떻게 보이나? 중으로 살고 있는 내가 말일세."

갑자기 의외의 질문을 받은 두목은 멀끔히 쳐다보다가 "무슨 말씀을 하시는 건지……" 하며 대답을 못했다.

"생각해보니 내가 질문을 좀 애매하게 한 것 같네. 그러면 질문을 바꿔서 해보겠네. 자네 눈에는 내가 어떤 사람으로 보이는가? 똑똑한 좋은 사람으로 보이는가, 아니면 미련한 못난 사람으로 보이는가?"

의상 스님이 웃으며 쳐다보자,

"그야 먼저 말씀하신 대로 보이죠."

두목도 웃으며 쳐다봤다.

"내가 자네한테 그 질문을 한 것은 바보가 아닌 내가 스님으로 살고 있다면 그만한 이유가 있어서가 아니겠나, 하는 말을 하고 싶어서네. 내가 무슨 말을 하려고 하는지 이해가 되는가?"

"예, 이해가 됩니다."

"그럼 됐네. 여기다 절을 짓게 되면 자네들도 힘을 합쳐서 같이 짓게. 절은 부처님이 사실 집을 짓는 것이고 많은 사람들이 복을 받을 수 있는 복 밭을 짓는 것일세. 자네들이 합심해서 절을 지으면 절을 짓는 그것만으로도 큰 복을 받게 되네."

의상 스님이 간곡하게 말했다. 어떻게 하든 이들한테 부처님과의 인연을 맺게 해주고 싶어서였다.

"그야 여부가 있겠습니까? 형님이 하시는 일인데 같이 합심해서 해야지요."

두목이 시원하게 말했다.

"고맙네. 자네들이 절을 지으면 노임은 따로 챙겨주겠네. 그리고 저 아래서 농사를 지을 수 있게 땅도 마련해 주겠네. 나머지 일은 나하고 상의하면서 하나하나 풀어나가세."

의상 스님이 진심을 담고 말하자

"스님을 형님으로 모실 수 있게 해주신 부처님께 고맙다는 생각이 듭니다."

두목 입에서 부처님이라는 호칭이 나왔다. 의상 스님은 그런 두목을 미소를 지으며 바라보았다. 스님과 두목, 마음과 마음이 진심의 자리에서 함께 만나고 있었다.

*　*　*

문무왕은 의상 스님이 원하는 모든 일을 들어주었다. 그리고 그 일을 실행해 갈 권한도 주었다. 절을 짓는 일은 물론이고 고구려 백제 유민들한테 땅을 나누어 주는 일도 의상 스님이 알아서 진행하게 했다. 왕은 뒤에서 집행만 하겠다는 것이었다. 의상 스님은

167

임금이 보낸 서신과 재화를 받고 고마움의 표시로 임금이 있는 서라벌을 향해 조용히 합장했다.

의상 스님은 두목을 불렀다. 임금이 자신을 신뢰하듯 자신은 두목을 신뢰함으로써 불사를 원만히 회향해야 한다. 그것은 절을 짓는 일을 뛰어넘어 인간적인 관계를 구축하는 것이고, 신라가 명실 공히 삼국통일의 길로 나아가는 전례를 만드는 것이다.

"형님 부르셨습니까?"

두목이 밝은 얼굴로 들어왔다.

"자네는 흡사 내가 부르기를 기다리고 있다가 오는 것 같네. 부르자마자 달려오는 걸 보니."

의상 스님도 밝은 얼굴로 맞이했다.

"지금 하신 말씀이 틀린 말씀은 아닙니다. 실은 언제 형님이 부르시나 하고 두 귀를 형님 쪽으로 곧추 세우고 있으니까요. 하하 하."

"내가 좋은 일로만 부르지는 않는데 내가 부르기를 기다리고 있다니…… 그 참 이상하네."

"저는 형님을 보는 게 좋습니다. 보고만 있어도 저절로 세상을 다 얻은 거 같습니다."

"세상을 다 얻은 것 같다니, 자네 세상은 왜 그리 작은가?"

"작고 크고는 문제가 안 됩니다. 저는 형님이라고 부를 수 있는 분이 옆에 있다는 사실만으로도 세상을 얻은 것처럼 좋습니다."

의상 스님은 입을 다물고 한참 동안 두목을 바라보았다. 형님이라는 호칭은 가족관계에서 나온 호칭이다. 그러니까 형님이라는 호칭을 쓸 수 있다는 것은 가족관계가 구축돼 있다는 말과 같다. 인간이 사는 세상에서 가족관계의 구축은 삶의 근간이 된다. 그러니까 여기서 산적 행세를 했던 사람들은 인간 세상에서 살수 있는 뿌리를 송두리째 뽑힌 사람들이다. 삶의 근간이 되었던 가족을 당군이 끌고 갔으니…… 이들의 심정을 내가 어떻게 헤아릴 수 있겠는가? 신라 통일은 그렇게 해서 얻어졌고, 신라 승려인나는 이들에게 무엇인가를 해줘야 한다. 농사를 지을 수 있는 땅을 얻어주는 것만으로는 부족하다. 그보다 더 근원적인 것을 해줘야 한다.

"이제 본격적으로 절을 지어야 하니 자네도 구체적으로 계획을 세워보게. 기술자는 조정에서 곧 보내줄 것이니 자네는 공사의 총책임을 맡도록 하게. 매달 보름날엔 내가 법문을 하겠네. 그날은 모든 일을 중단하고 하루 쉬도록 하세. 그리고 그날 노임을 주고 맛있는 음식을 해서 배불리 먹이도록 하세. 그 이외의 상세한 것은 자네들이 정해서 나한테 보고하면 내가 집행하도록 하겠네."

의상 스님 말엔 아우에 대한 절대 신뢰가 담겨있었다.

"제가 부하들을 데리고 계획을 세워보겠습니다. 그런 후 형님을 다시 찾아뵙겠습니다."

두목 역시 같은 마음이었으므로 형님에 대한 충성심을 스스로 다지고 있었다.

"스님, 표훈입니다."

밖에서 표훈 스님 목소리가 들려왔다.

"들어오게."

의상 스님은 경상을 밀어 놓고 제자를 맞을 자세를 취했다. 방으로 들어온 표훈 스님은 스승에게 예를 올리고 마주 앉았다.

"무슨 일인가? 근심스러운 일이 있는 것 같은데."

"진정 스님이 이번 서라벌에 가서 속가 어머님이 돌아가신 것을 알았답니다. 황복사로 소식을 전한 모양인데 스님이 없자 그대로 장사를 지냈다고 합니다. 그 소식을 듣고 진정 스님이 몹시 괴로워하고 있습니다."

표훈 스님의 말을 들은 의상 스님은 심각한 표정을 짓고 있더니 물었다.

"진정 스님의 어머님은 젊어서부터 혼자 사신 것으로 알고 있는데…… 그런가?"

"그렇습니다. 진정 스님은 홀어머니의 외아들입니다. 그래서 더 괴로워하고 있는 것 같습니다."

"그렇겠지. 가서 진정 스님을 오라고 하게. 자네도 같이 오게."

"네, 알겠습니다."

표훈 스님이 나가자 의상 스님은 방에 모셔져 있는 자그마한 목불 앞에 향을 피우고 자리로 돌아와 앉았다. 많은 생각이 교차

되는 얼굴이었다.

잠시 후 두 스님이 방으로 들어왔다. 진정 스님은 많이 수척해 있었다. 두 스님이 인사를 하고 자리에 앉자 의상 스님이 진정 스님 쪽으로 시선을 돌리며 물었다.

"표훈 스님한테 얘기를 들었네. 그런 괴로운 일이 있으면 나한테 와서 말을 해야지. 어머님이 작고하신 지는 얼마나 됐다고 하든가?"

"제가 황복사에 갔더니 열흘쯤 됐다고 했습니다."

"열흘이면 아직 상중인데…… 집에 다녀오지 그랬나?"

"여기 일이 막중해서 집에까지 갈 수가 없었습니다."

"그럼 지금이라도 집에 다녀오겠나?"

"그보다…… 스님께 꼭 여쭤보고 싶은 게 있습니다. 저희 모친 영혼은 지금 어디에 계실까요?"

진정 스님은 그 일이 가장 알고 싶은 듯 간절한 표정으로 물었다. 제자의 질문을 받은 의상 스님은 두 눈을 감고 잠시 정定에 들어있다가 말했다.

"가신 지가 한 달 정도 됐으니 세연世緣을 끊지 못하셨을 것 같네. 내 생각 같아서는 자네를 못 잊어서 여기로 오시지 않았나 하는 생각이 드네."

의상 스님의 말을 들은 진정 스님 표정이 밝아졌다. 어머니를 위해서 뭔가 해드릴 수 있는 일이 있을 것 같다는 생각이 들었다.

171

"그럼 제가 어떻게 해야 합니까?"

"지극하게 정성을 모아 천도를 해드리게. 어머니의 영혼이 스스로 세연이 다 됐음을 인정하고 영가의 길을 가실 수 있도록 도와드려야 하네. 영가가 되면 육신은 없고 마음만 남게 되지. 영가가 어떤 마음을 쓰느냐에 따라 맞이하게 되는 세상이 달라지네."

"조금 더 상세히 설명해주십시오."

"영가가 되면 마음의 상태가 곧 세상이 되네. 마음이 자비심으로 가득 차서 평화로우면 극락정토에 나게 되고, 자신의 해탈과 세상의 해탈을 염원하며 보살행을 행하면 원력보살로 다시 오게 되지. 그리고 세속의 미련을 끊지 못하면 환생을 하게 되고, 증오와 갈등 저주에 젖어있으면 지옥에 떨어지게 되네. 탐욕에 차있으면 아귀 세계에 나게 되고, 어리석음에 젖어 있으면 축생계에 나게 되지. 불화를 조장하고 싸움을 좋아하면 아수라계에 나게 되네. 그렇기 때문에 어떤 마음을 가지고 세상을 하직하느냐는 아주 중요하네. 그런데 영가가 이런 사실을 모르고 마음을 다스리는 공부를 하지 않고 죽게 되면 극심한 두려움 속에서 방황하게 되지. 갈 길을 몰라서 말일세. 그래서 천도가 필요한 거네. 믿을 수 있는 가족이나 스승 혹은 스님들이 지극한 마음으로 갈 길을 알려주면 영가는 비록 죽어서일망정 그 가르침을 받아들이고 갈 길을 잘 찾아갈 수가 있네."

의상 스님은 진정 스님도 알고 있는 내용이지만 다시 설명했다.

진정 스님 역시 의상 스님의 설명을 다시 듣고 나니 믿음이 가며 사실일 거라는 확신이 들었다.

"그럼 제가 어머니를 위해서 어떻게 해야 합니까?"

"영가 법문과 함께 아미타부처님께 기도를 해야지. 영가 법문을 하는 것은 영가의 지혜를 일깨워주기 위함이고, 아미타부처님께 기도 드리는 것은 영가가 아미타부처님 가피 속에서 극락정토에 나게 해달라고 기원하는 것일세. 나와 같이 하세. 내가 자네 모친의 영가를 위해 천도재를 지내 드리겠네."

의상 스님이 말했다. 낙심에 차있는 제자를 위해 당연히 그 일을 해야 한다고 생각했다.

"스님 말씀을 들으면서 떠오른 생각인데 여기 있는 사람들의 천도재도 함께 드려주면 어떻겠습니까? 가족들 중에는 여기 오기 전에 죽은 사람도 있지만 헤어진 후에 죽은 사람도 있을 것입니다. 당군에 끌려가면서 죽거나 끌려간 후에 죽은 사람들의 영가가 있다면 그들의 원한이 얼마나 골수에 사무치겠습니까? 그건 죽은 영가를 위해서도 살아있는 사람들을 위해서도 좋지 않을 것 같습니다."

표훈 스님의 말을 들은 의상 스님 얼굴이 밝아졌다.

"그거 참 좋은 생각일세. 내가 미처 생각하지 못한 걸 생각해줘서 고맙네."

의상 스님이 밝게 웃었다. 웃고 있는 치아에서 밝은 빛이 뿜어져 나왔다.

"그럴 거면 여기에 있는 모든 영가들을 위해 천도재를 지내지요. 여기는 삼국의 격돌지로서 고구려군, 백제군, 신라군이 수없이 목숨을 잃은 곳이 아닙니까?"

진정 스님이 말했다.

"여기 오기 전부터 그 생각은 하고 있었는데 말 나온 김에 같이 지내세. 가서 아우를 오라고 하게. 칠일 동안 지극정성을 모아서 천도재를 지내세. 그런 후에 절을 짓도록 하세. 도량이 청정해야 부처님도 청정하게 모실 수 있네."

이렇게 해서 천도재 지내는 일이 대대적으로 거행되었다. 진정 스님 어머니의 외로운 영가를 위해, 원한에 사무쳐서 죽어갔을 포로 한 사람 한 사람의 영가를 위해, 그리고 삼국통일을 이루기까지 죽어간 삼국의 모든 젊은 영가들을 위해.

천도재는 칠주야 동안 성대하게 이어졌고, 의상 스님과 표훈 스님 진정 스님이 쏟고 있는 정성을 보며 사백여 명의 마음은 정화되고 순화되어 갔다. 그러면서 자신들의 가족 영가가 천도된 듯한 기쁨과 스님들에 대한 감사함이 뼈에 사무치게 느껴졌다.

천도재를 회향하는 마지막 날 밤, 자정이 가까워졌을 때 서쪽 하늘이 환하게 밝아지면서 은은한 소리가 사방으로 울려 퍼졌다. 무슨 소리인지는 알 수 없지만 그 소리를 듣고 있으려니 마음이 밝아지면서 환희심이 느껴졌다. '우리 어머니가 서방정토로 가시면서 화답하시는 거 같네.' 진정 스님이 마음속으로 이런 생각을 하고 있을 때 의상 스님이 목탁을 놓으며 말했다.

"영가들은 잘 천도되었습니다. 모든 영가들이 환희심에 차서 서방정토로 가고 있습니다."

의상 스님의 말을 듣고 있는 사람들은 자신들의 가슴을 꽉 채우고 있던 어둡고 칙칙한 덩어리가 뚝 떨어져 나가고 있음을 느꼈다. 그리고 그 자리에 삶에 대한 새로운 희망이 자리 잡고 있음을 느꼈다. 칠흑 같이 어둡던 밤도 새벽이 오면 스러진다. 살아있는 생명은 그렇게 새 세상을 만들며 살아가게 돼 있다. 그들 또한 그러했다.

9
화엄,
서로 다른 꽃들의
장엄

마침내 부석사浮石寺로 명명된 절이 완성되었다. 절 이름을 부석사로 한 것은 뜰 부浮 자 돌 석石 자, 허공에 떠서 산적들을 위협했던 집채만 한 돌들이 법당 뒤에 엉기성기 포개져 있기 때문이었다. 부석사란 절 이름을 지은 분은 의상 스님이다.

의상 스님은 절이 완성되자 뒤에 있는 바위 앞에 향불을 피워 놓고 삼일간 감사의 기도를 드렸다. 사람들은 바위에 기도를 드리는 것으로 알고 있었겠지만 스님은 바위 틈새로 사라진 선묘에게 기도를 드린 것이다. 그리고 사람들은 선묘의 존재를 모르고 있지만 의상 스님은 선묘가 법당 앞에 있는 석등 밑에 꼬리를 묻고 법당 안의 부처님 밑에 머리를 묻고 온몸으로 법당을 지키고 있음을 알고 있었다.

선묘에게 감사의 기도를 드리는 의상 스님의 마음은 애틋하고 아렸다. 특히 허공에 뜬 집채만 한 다섯 개의 돌을 앞발로 굴리며 힘들어 하던 모습이 떠올라 더욱 아련한 아픔이 느껴졌다.

절이 완성되자 의상 스님은 대대적인 수계법회를 거행했다. 계를 받는 대상은 말할 것도 없이 함께 절을 지은 대중들이었지만 아랫마을에 있는 사람들도 다수 올라와서 함께 계를 받았다. 의상 스님은 계를 받는 것은 부처님 제자가 됨을 약속하는 것이고, 부처님 제자가 되기 위해서는 살생을 금하고, 도둑질을 하지 않아야 하며, 거짓말을 하거나 남을 속여서는 안 된다고 했다. 이렇게 계를 지키고 살면 살아서도 부처님의 가피를 받아 잘 살게 되지만 죽어서는 극락정토에 나서 최고의 복락을 누리며 산다고 했다. 그러면서 아미타불이 상주하고 계신 극락세계에 대해 설명했다.

극락세계란 더할 수 없이 행복한 세계로 그 세계는 수명이 무량함으로 죽는 일이 없으며, 지혜가 태양처럼 밝게 빛나므로 마음속에 괴로움이 없고, 무량한 공덕의 세계임으로 모자람과 부족함이 없는 세계다.

한량없는 꽃들이 뿜어내는 향내가 온 세계를 가득 채우고 있으며, 일곱 빛깔의 무지개와 같은 깃털을 지닌 새와 나비들이 날개를 비벼 아름다운 노래를 연주하고 있는 더할 수 없이 즐겁고 행복한 세계다. 그러므로 여러분들은 항상 극락정토의 부처님인 아미타불과 현세에서 인간의 고통을 덜어주는 관세음보살을 지극한 마음으로 불러야 한다. 두 부처님을 염불하는 방법은 '나무아미타불 관세음보살'이다. 항상 계를 지키면서 '나무아미타불 관세음보살'을 부르면 죽어서는 극락세계에로 가고 살아서는 고통에서 벗어나 행복한 삶을 살 수 있다.

의상 스님은 피를 토하듯 간절한 마음으로 대중들이 계를 지키면서 부처님 명호를 부르며 살아갈 것을 가르쳤다. 진실한 마음은 경계를 허물고 함께 만나지는 법, 수년간 동고동락 하면서 살아왔던 사백여 대중은 의상 스님을 부모처럼 부처님처럼 존경하며 따랐다. 의상 스님은 처음 약속을 지켜 그들이 농사를 지으며 살 수 있는 터전을 마련해 주었고, 불자로서 안락을 누릴 수 있게 이끌어주었다. 그들은 아래 마을에서 부석사 신도로 살아갈 것이며 그들이 모인 곳에선 '나무아미타불 관세음보살'의 염불 소리가 항상 들려올 것이다.

의상 스님은 청정도량 부석사에서 제자들을 길러내는 일에 본격적으로 매진했다. 불보살님이 당신들의 화신불을 배출해 중생들을 제도하고 불국정토를 만들어 가듯, 스님은 제자들을 배출해 부처님 법을 가르치고 부처님 법을 세상에 펼치는 일을 하고자 했다.

의상 스님은 《화엄경》의 요체를 210자에 담은 〈화엄일승법계도〉를 강설했다. 《화엄경》은 우주의 본체를, 깨달음의 실상을, 그것에 이르는 전 과정을 담은 경전이다. 《화엄경》은 부처님이 깨달은 실상을 있는 그대로 펼쳐 놓은 경이기 때문에 8만 4천경의 본류며 뿌리다. 그래서 의상 스님은 《화엄경》을 가르치려 했고, 방대한 80권 《화엄경》을 다 가르칠 수 없기 때문에 자신이 요약한 〈화엄일승법계도〉를 가르치려 한 것이다.

앞에서도 언급했지만 〈화엄일승법계도〉는 《화엄경》의 요체와 부합한다는 것을 부처님으로부터 인가를 받은 게송이다. 7자씩 되어 있는 30게송만 공부하면 《화엄경》 80권을 다 공부한 것과 같다. 그래서 의상 스님은 〈화엄일승법계도〉를 지극한 마음으로 강설하고 또 강설했다.

그러자 스님 주위에는 제자들이 구름처럼 모여들었다. 깨달음의 실상을 확연히 보여주고, 해박한 지식으로 경전을 강설하며, 청정하게 계율을 지키며 천인天人처럼 고고하게 살아가고 있는 의상 스님을 어떻게 제자들이 따르지 않을 수 있겠는가!

후대 사람들은 의상 스님이 부석사에 머물러 계실 때 3,000명의 제자들이 가르침을 받았다고 전한다. 여기서 숫자의 진위를 따질 필요는 없다. 아무튼 수많은 제자들이 의상 스님을 에워싸고 있었음은 짐작할 수 있다.

이렇게 많은 제자들 중에서 의상 스님은 열 명의 제자들을 집중적으로 훈육했다. 의상십철義湘十哲로 불리는 십대제자는 진장, 도융, 오진, 지통, 표훈, 진정, 양원, 상원, 능인, 의적 스님이다. 스님이 이 십대제자에 특히 공을 들인 것은 자신 혼자서는 《화엄경》

의 요지를 세상에 펴는 일을 다 할 수 없기 때문에 제자들로 하여금 그 일을 같이 하게 하고자 함이었다.

수년간에 걸쳐 제자들을 양성한 의상 스님은 화엄사상으로 세상을 통합하는 길을 찾아 나섰다. 전쟁의 상처를 그대로 안고 있으면서도 통일신라 백성으로 살아가야 하는 수많은 사람들은 방황하고 갈등하면서 삶을 유지하고 있었다. 의상 스님은 이들을 끌어안는 방법으로 화엄사상을 생각했다.

화엄사상의 핵심은 연기론緣起論이다. 현상계에서 펼쳐지는 모든 것은 원인과 결과의 조합이다. 그리고 그것은 머물러 있는 것이 아니라 끝없이 같은 작용을 계속하며 진행해 간다. 여기에서 우열이나 고하는 존재하지 않는다. 모든 것이 평등하게 원인과 결과의 조합을 만들며 작용해가기 때문이다.

신라인도 고구려 유민도 백제 유민도 마찬가지다. 모두가 함께 현상계를 만들어 가는 주인공이므로 신라인만으로 좋은 세상을 만들 수가 없다. 고구려 유민이나 백제 유민이 불화와 갈등을 조장하고 폭력을 행사한다면 그들과 함께 사는 세상은 결코 좋은 세상이 될 수 없다. 이 사실을 가장 먼저 알아야 하는 것은 신라의 임금이고 왕족이며 귀족이다. 신라를 이끌어 가는 중추세력들이 이 사실을 인식하지 못하면 결국 그들도 잘살 수 없게 된다.

의상 스님은 이 사실을 신라의 중추세력들한테 먼저 인지시켜야 한다고 생각했다. 그래서 자신의 본찰이며 왕족과 귀족들이 드나드는 황복사에서 먼저 화엄사상을 펴도록 했다.

* * *

삼국통일의 대업을 완성한 문무왕은 나라를 다스리기 위해 관청과 관직을 늘리고 세금을 조정하면서 내치에 힘썼다. 특히 고리대금 제한 정책을 써서 이자를 국가가 탕감해주고 양민이 노비로 몰락하지 않게 막았다. 그리고 전쟁터에서 쓰던 칼과 창 등 각종 병기들을 모아 농기구로 만들어서 농민들한테 나누어 주었다. 농사를 잘 짓게 도움으로써 백성들이 안정된 삶을 살게 하기 위함이었다.

그런 한 편 그는 고구려나 백제에서 고위 관직에 있던 사람들을 신라의 관직으로 편입시켜 그들이 계속 주류 세력으로 살아가도록 배려했다. 국학을 받아들여 과거시험을 보는 문을 넓혀주었고, 고구려 유민이나 백제 유민을 차별하지 않고 그들 모두가 신라의 백성으로 살아갈 수 있게 제도적인 뒷받침을 해주었다.

문무왕이 정치를 통해 백성들을 단합시키기 위해 노력하는 동안 의상 스님은 부처님의 가르침을 통해, 그 중에서도 화엄사상을 통해 정신적으로 단합시키기 위해 노력했다. 화엄은 갖가지 꽃을 한데 모아 거대한 꽃목걸이를 만들어 장엄시킨다는 뜻이다.

그 꽃목걸이 안에는 배제되는 꽃이 없다. 모두가 동일한 자격으로 참여한다. 여기서 동일은 같기 때문이 아니라 다르기 때문이고, 장엄 또한 같기 때문이 아니라 다르기 때문이다. 백합과 진달래는 다르기 때문에 동일하고, 백합과 진달래는 다르기 때문에 장엄이 되는 것이다. 다르다는 것은 각각의 생명이 똑같은 가치로 존재한다는 뜻이다. 만약 백합은 월등하고 진달래는 열등하다고 생각해 이 세상에 백합만 있게 한다면 백합이 월등하게 보이겠는가?

서로 다름이 있기 때문에 존재의 가치가 드러나는 것이고 그렇기 때문에 존재한다는 것은 아무도 대신할 수 없는 그 자신만이 절대적인 가치를 지니고 있는 것이다. 세상을 아름답게 가꾸는 장엄 또한 마찬가지다. 백합이 아름답다고 해서 이 세상에 백합꽃만 피게 한다면 과연 이 세상이 아름답게 느껴지겠는가?

각각의 꽃이 색과 모양과 향기를 다르게 하면서 피어있기 때문에 세상은 아름답게 장엄되는 것이다. 존재하는 모든 것은 서로 다르기 때문에 절대적인 가치를 지니는 것이다. 절대적인 가치를 지니고 존재하기 때문에 각각의 생명은 동일한 것이다. 인간세상도 그와 같고 그 의미를 가장 잘 드러낸 것이 화엄경이다.

의상 스님은 이 화엄사상을 세상 사람들이 받아들이고 이해하게 하기 위해 노력해왔다. 그래서 신라인이니, 고구려인이니, 백제인이니 하는 관념을 깨고 모두가 똑같은 소중한 존재로 살아가고 있다는 것을 인지하도록 이끌어주려 애써왔다. 그 일은 당신 혼자만이 할 수 없기 때문에 제자들을 길렀고, 몇 번의 실험을 통해 특히 부석사를 창건하는 과정의 실험을 통해 성공의 경험을 얻기도 했다.

그래서 의상 스님은 화엄사상을 펼칠 종찰인 부석사에 비로자나부처님 대신 아미타불을 모시기로 했다. 비로자나부처님은 《화엄경》의 주불이다. 《화엄경》이 우주의 본체를 드러낸 경전이듯 비로자나불은 우주 그 자체, 진리 그 자체다. 그래서 사람들은 비로자나 부처님을 법신불法身佛이라고 한다.

의상 스님이 《화엄경》의 종찰인 부석사에 비로자나부처님 대신 아미타불을 모시기로 한 것은 구원불인 아미타부처님을 통해 중생구제의 원을 실현하기 위해서였다. 중생들의 꿈은 소박하다. 아프지 않고 오래 사는 것, 가능하면 영원히 사는 것, 가난을 벗어나 풍요롭게 사는 것, 좋은 사람과 함께 사는 것, 마음이 아프지 않게 평화롭게 사는 것 정도다.

해탈이니 열반이니 하는 말은 그것에 도달하고자 하는 극히 소수의 사람에게만 필요한 개념이다. 그것이 불교의 궁극적인 도달점이라 해도 말이다. 그래서 의상 스님은 아미타부처님의 명호를 지극한 마음으로 부르기만 해도 죽어서 극락정토에 태어난다는 정토신앙을 민중들 속에 펼치려 했다.

681년, 스스로 삼국통일의 명을 하늘로부터 부여받고 이 땅에 왔다고 생각한 문무왕은 자신에게 부여된 과업을 마무리하고 파란만장한 생을 마감하고 세상을 떠났다. 후대에 명명된 문무대왕文武大王이라고 하는 왕명을 보더라도 그가 문文과 무武를 겸비한 왕이었음을 알 수 있다.

　서로의 역할은 달랐지만 같은 방향을 향해 나아가며 신뢰와 우정을 쌓아갔던 왕이 서거하자 의상 스님은 허전한 마음을 달랠 수 없었다. 그래서 아미타부처님께 나아가 서거한 왕이 아미타부처님 도량인 극락정토에 왕생하기를 간절한 마음으로 빌었다. 그리고 왕의 장례가 치러지는 서라벌을 향해 길을 떠났다. 스님의 나이 56세였고, 스님은 오래전서부터 의상 스님이 아니라 의상대사로 호칭되고 있었다. 승단은 물론 백성들로부터도 존경과 공경을 받고 있는 유일무이한 스님, 의상대사였다.

10
비의,
다시 낙산사를
찾아서

문무대왕은 그의 유언대로 동해바다에 묻혔다. 자신이 죽으면 불교의식에 따라 화장을 해서 동해바다에 묻으라고 했다. 그러면 용이 되어 왜구의 침입을 막겠다는 것이다. 죽어서도 나라를 지키고자 한 대왕의 간절한 서원에 의해 세상에 유례가 없는 해중왕릉 海中王陵이 탄생되었다. 의상대사는 파도가 넘실거리는 바위 사이에 묻힌 문무왕을 떠올려 보다가 오래전서부터 마음속에서 생각하고 있던 일을 실행에 옮겨야겠다고 결심했다.

그것은 낙산사를 다녀오는 일이었다. 의상대사는 길을 떠날 차비를 한 후 표훈 스님을 불렀다. 그러자 곧 표훈 스님이 왔다.

"낙산사에 가려고 하는데 자네도 동행을 하겠나?"

"네, 하겠습니다. 그러잖아도 꼭 한 번 다시 가보고 싶었는데 잘

됐습니다."

"그럼 준비를 하게. 내일 새벽예불이 끝난 후 바로 가세."

"알겠습니다. 그런데 낙산사를 어느 쪽으로 가시려 합니까?"

"내륙으로 올라가야지. 봉화 울진을 지나서 동해바다 쪽으로 올라가세."

"네."

표훈 스님은 밝은 표정을 지으며 나갔다.

혼자 남은 의상대사는 선묘를 떠올리고 있었다. 선묘가 연모戀慕의 마음을 호법의지로 승화시킨 것은 가상하지만 의상이라고 하는 인물에 집착하고 있는 것은 옳지 않았다. 이제 선묘를 자신으로부터 독립시켜 명실 공히 해탈을 향해 나아가는 부처님 제자가 되게 해야 한다.

자신이 그동안 부처님 제자로 불법을 펴는 일에 조금이라도 기여를 했다면 그건 선묘의 도움이 있어서였다. 이제는 자신이 선묘가 바른 구도의 길을 갈 수 있게 도와야 한다. 더욱이 선묘는 용의 모습을 하고 있지 않은가. 용은 신통묘용을 부리는 호법 신장으로서 불법을 옹호하고 있지만 그가 머물러 있는 세계는 축생계다. 선묘가 축생계를 벗어나 천인의 자리에서 불법을 수호하고 해탈에 이르도록 길을 터줘야 한다.

의상대사는 선묘와의 인연을 정리해야 한다는 생각을 해왔다. 그러다가 문무대왕의 장례를 치르면서 그 생각을 더욱 공고히 했다. 그것은 문무대왕이 동해용이 되려고 서원한 것을 알고부터였다. 의상대사는 선묘를 제도하기 위한 의식을 치르기로 하고 그 장소를 낙산사로 정했다.

용은 바다에 살고 있기도 하지만 낙산 바다에서 자신을 살려주고 바닷물 속으로 몸을 숨기던 선묘를 보았기 때문이었다. 선묘가 용의 몸에서 벗어나 해탈을 향해 나아가는 구도자로, 중생을 제도하는 보살로 우뚝 서게 해주고 싶은 게 의상대사의 마음이었다. 의상대사는 관음대성의 힘을 빌려 그 일을 꼭 성사시키고 싶었다. 그것은 어쩌면 세세생생을 함께 할 도반을 얻고자 하는 마음이었는지도 모른다.

* * *

의상대사와 표훈 스님은 만감이 서린 얼굴로 바다를 바라보고 있었다. 석양을 받고 있는 바다는 깊은 삼매에 들어있는 듯 고요했다. 한참 동안 바다를 바라보고 있던 의상대사가 먼저 입을 열었다.

"나는 저 관음굴 앞에서 삼일간 비의秘儀를 치러야 하니 자네는 노인 집으로 가게. 노인이 애타게 자네를 기다리고 있네. 그리고 내가 가기 전엔 나를 찾아 여기로 오지 말게."

의상대사가 비장한 어조로 말했다.

193

"……네."

표훈 스님은 어리둥절한 표정으로 합장했다. 그리고 몸을 돌렸다. 비의라는 말을 군이 쓰는 것을 보면 아주 중요한 의식을 치르려 하는 것 같았다. 표훈 스님이 산 너머로 모습을 감추자 의상 스님은 벗어놨던 걸망을 메고 언덕 아래로 내려갔다. 걸음을 옮기고 있는 의상대사 모습에서도 비장함이 느껴졌다.

노인 집을 향해 걸음을 옮기고 있는 표훈 스님은 가슴이 설레었다. 아가를 다시 볼 수 있다는 기대감이 묘한 들뜸을 가져왔다. 절은 잘 운영되고 있겠지. 불상은 조성을 했는지 모르겠군. 표훈 스님은 혼자 중얼거리며 걸음을 옮겼다. 잊고 지내던 고향집을 다시 찾은 것 같은 흥분이 느껴졌다. 표훈 스님이 노인 집 마당으로 들어서자 마당에 앉아있던 노인이 몸을 일으키며 표훈 스님을 맞았다. 표훈 스님이 오기를 기다리고 있은 듯했다.

"어른장 안녕하셨습니까? 저 표훈입니다."

"어서 오십시오. 기다리고 있었습니다."

"제가 온 걸 알고 계셨군요."

"멀리는 못 보지만 가까이는 봅니다. 대사님이 오신 것도 알고 있습니다."

"스승님은 삼일간 중요한 의식을 치르신다고 관음굴로 가셨습니다."

"중요한 의식이지요. 보은報恩 의식인데요."

노인은 의상대사가 치르려고 하는 의식을 알고 있는 듯 이렇게 말했다.

"보은의식이라니요? 무슨……."

표훈 스님이 어리둥절해하며 묻자,

"대사님 얘긴 그만하고 우리 얘기를 합시다. 아가 얘기를 하려고 스님 오시기를 기다리고 있었습니다."

노인이 먼저 아가 이름을 꺼냈다.

"저도 아가 얘기를 하고 싶었습니다. 아가는 지금 어디에 있습니까?"

"글쎄요. 아가는 지금 어디 있을까요? 내 얘기를 듣고 난 후 스님이 행방을 찾아보십시오."

노인은 담담하게 말했다. 하지만 얼굴엔 비애가 서려있었다.

"아가한테 무슨 일이라도……?"

표훈 스님이 긴장하며 쳐다보자

"아가는……"

노인은 표훈 스님이 떠난 후 아가가 겪었던 모든 과정을 소상히 설명했다. 마치 아가 속을 들여다 보고 있었던 사람처럼.

노인 얘기를 듣고 난 표훈 스님은 깊은 충격을 받았다. 그러면서 "잘 있어라. 관세음보살님의 눈과 관세음보살님의 손이 되어 아파하는 사람들의 손을 잡아주어라. 나도 그리하면서 살아가겠다" 하며 아가를 꼭 안아주고 떠났던 자신의 모습이 떠올랐다. 그리고 이어 눈물이 가득 고인 눈으로 쳐다보던 아가의 얼굴도 떠올랐다. 자신이 안아주었던 아가는 어린 아이였는데 지금 손끝에 전해지는 아가는 소녀였다. 표훈 스님은 내심으로 당황하며 허공을 응시했다. 아가가 관세음보살을 조성한 후 재처럼 바스러졌다니! 허공을 응시하고 있는 표훈 스님 심장이 오그라들었다.

"아가와의 약속을 일깨워주고 싶어서 스님을 기다렸습니다. 꼭 일깨우셔야 할 것 같아서요."

노인이 말했다. 약속을 일깨워줘야겠다는 생각을 하며 스님을 기다렸다고 했지만, 약속을 잊고 지낸 스님을 원망하고 있는 것 같지는 않았다.

"아가의 모습을 어디서 다시 볼 수 있습니까? 꼭 한 번 아가를 보고 싶습니다."

표훈 스님이 간절히 말했다.

"글쎄요. 부처님을 조성하고 재가 됐으니 부처님 안에서 볼 수 있을까요? 아니면 재를 여기다 뿌렸으니 여기 있는 들꽃에서 볼 수 있을까요?"

노인이 담담하게 말했다.

"아가가 조성한 부처님을 보러 가겠습니다."

표훈 스님은 부처님이 모셔져 있는 법당을 향해 몸을 돌렸다. 걸음을 옮기고 있는 표훈 스님 머릿속에 절을 짓던 기억이 생생히 떠올랐다. 그리고 언덕을 오르내리며 자신의 심부름을 해주던 아가 모습도 생생히 떠올랐다. 법당 앞에 이른 표훈 스님은 가만히 법당 안을 들여다 보았다. 그러던 표훈 스님은 온몸에 전율이 느껴져 입을 꽉 다물었다. 불단 위에 모셔져 있는 부처님은 옛날 아가가 흙으로 빚었던 친구 얼굴 그대로였다. 좀 더 나이가 들은 모습이긴 하지만 옛날 봤던 친구 얼굴 모습이 그대로 떠오를 만큼 똑같았다.

산 위로 올라가 주위를 살피던 의상 스님은 조그만 계집아이를 발견하고 그 아이 가까이로 다가갔다.

"애야, 여기서 뭘 하고 있느냐?"

"친구 얼굴을 만들고 있어요."

계집아이가 고개를 들며 대답했다. 열 살쯤 됐을까? 동그스름하고 사랑스러운 얼굴이었다.

"네 친구가 누군데 여기서 친구 얼굴을 만드느냐?"

의상 스님이 미소를 지으며 물었다.

"여기가 친구네 집이에요. 여기서 친구 얼굴을 만들면 친구가 나와요."

"그러면 부르면 되지. 얼굴을 만드는 것보다 부르는 게 훨씬 더 쉽지 않느냐?"

계집아이는 고개를 숙이며 하던 일을 계속했다.

"언제부터 그랬는데?"

"언제부터인지는 모르지만 아주 어렸을 때부터 그랬어요."

의상 스님은 아주 어렸을 때부터라는 말이 재미있어서 너는 지금도 어린데……라는 말을 하려다가 이상한 생각이 들어서 계집아이 주위를 둘러보았다. 그러던 스님은 움찔하며 자신도 모르게 합장했다. 계집아이 등 뒤에는 한 자쯤 되어 보이는 쌍죽이 꼿꼿하게 서 있었다.

"애야, 조심해라. 대나무 다칠라."

의상 스님이 이렇게 말하며 계집아이 등 뒤로 가자

"할아버지도 그만 말씀하세요. 친구 얼굴을 못 만들겠어요."

계집아이가 고개를 쳐들며 말했다.

"할아버지라고 하 하 하…… 처음 들어본 소린데 듣고 보니 기분이 좋구나."

의상 스님이 파안대소했다.

처음 들어보는 스님의 유쾌한 웃음소리에 어리둥절해서 고개를 돌리던 자신의 모습도 떠올랐다. 표훈 스님 얼굴 위로 뜨거운 눈물이 흘러 내렸다. 법당을 가득 메운 사람들은 연신 관세음보살을 향해 절을 했고, 관세음보살은 옅은 미소를 지으며 중생들이 절을 받고 계셨다. 하지만 부처님 모습은 어딘지 모르게 슬퍼보였다.

"노인장은 누구시오? 왜 여기서 관음대성의 마음자리를 알게 하려고 애써 오시었소?"

"부처님 주위에는 한량없는 화신불이 함께하지요. 관음대성의 마음자리를 아는 사람은 관음대성의 화신불이 되어 성업을 함께 이루어 갑니다. 무량겁동안 무량한 인연을 통해서지요. 이 땅에 관음대성이 나투실 인연이 되어 수많은 화신불이 모습을 드러내어 맡은 바 역할을 하는 것입니다. 저도 스님도 모두 다 같습니다."

"노인장께서 아신 관음대성의 마음자리는 어떤 것인가요?"

"지극한 연민, 그것이 관음대성의 마음자리지요."

"맞습니다. 지극한 연민, 그것이 관음대성의 마음자리지요."

노인과 의상 스님은 서로 마주 바라보며 강물 같은 미소를 지었다. 두 사람을 바라보며 관세음보살도 강물 같은 미소를 지으셨을 것이다. 지극한 연민, 그것이 인간에게 바치는 보살의 공양일 것임으로.

표훈 스님은 뺨 위로 흘러내린 눈물을 닦고 법당 안으로 들어갔다. 법당 안에 있는 수많은 사람들처럼 자신도 관세음보살에게 기도를 드리기 위해서였다.

표훈 스님이 관세음보살에게 드린 기도는 어떤 것이었을까? 그것은 아마도 어떻게 하면 아가를 다시 볼 수 있는지 그 방법을 알려 달라는, 아가와의 약속을 어떻게 하면 지킬 수 있는지 그 방법을 알려 달라는 것이었을지도 모른다. 지금 표훈 스님 가슴속은 그 두 가지 생각으로 꽉 차있을 것임으로.

의상대사는 삼일이 아니라 칠일 만에 모습을 드러냈다. 그것은 비의를 치르는 일이 그만큼 어려웠음을 암시했다. 아무튼 의상대사는 자신이 뜻한 바를 이룬 듯 햇빛처럼 밝은 표정을 지으며 법당 안으로 들어왔다. 그러던 대사는 법당에 모셔진 부처님을 보고 움찔하며 놀랐다. 대사 역시 부처님을 보는 순간 옛날 아가가 만들었던 친구 얼굴을 떠올리고 있는 듯했다. 한참 동안 부처님을 응시하고 있던 의상대사는 지극한 정성을 모아 부처님께 삼배를 드리고 표훈 스님을 찾았다.

밖으로 나온 두 스님은 나무 그늘에 앉았다. 의상대사는 표훈 스님의 수척한 얼굴을 물끄러미 바라보며 그의 입에서 나올 말을 기다리고 있었다. 표훈 스님은 스승의 마음을 알고 있었기 때문에 노인한테 들었던 말을 상세히 얘기했다. 그리고 현재 자신의 심정까지도. 그러자 의상대사가 조용히 물었다.

"자네는 어떻게 했으면 좋겠는가? 하고 싶은 일이 있을 것 같은데."

표훈 스님은 솔직하게 말하는 게 좋을 것 같아서 기도를 드릴 때 떠올랐던 생각을 말했다.

"아가는 저를 혼란에 빠뜨려 놓았습니다. 아가가 누구인지 알고 싶고, 아가를 어떻게 하면 다시 만날 수 있는지도 알고 싶습니다. 그리고 아가와 한 마지막 약속을 제가 어떻게 지켜야 하는지도 알고 싶습니다. 그래서 금강산에 가서 좀 더 수행을 하고 싶습니다. 수행을 하다가 의문이 풀리면 그때 스님에게로 가서 스님이 하시는 일을 돕고 싶습니다."

"그렇게 하게. 금강산에는 1만 2천의 화엄성중이 계시니 거기 가서 수행을 하게. 내 걱정은 하지 않아도 되네."

"그럼 제가 스님을 부석사까지 모셔다 드리고 금강산으로 가겠습니다."

"금강산 턱 밑까지 왔는데 그럴 필요 없네. 나도 가다가 들를 곳이 있으니 내 걱정은 하지 않아도 되네."

"들르실 데가 어디십니까? 제가 거기까지 모셔다 드리고 가겠습니다."

"부처님이 몇 번 보이시네. 그 얘긴 차차 하세."

"……?"

표훈 스님이 어리둥절한 얼굴로 쳐다보자

"위험한 일이 닥치면 부처님이 지켜주시겠지. 내가 잘못되면 부처님도 손해실 텐데 지켜주지 않으시겠나?"

의상대사가 빙긋이 웃었다. 제자의 마음을 편안하게 해주려는 배려 같았다.

"그러실 겁니다. 그건 저도 그렇게 믿고 있습니다."

표훈 스님도 밝게 웃었다.

"노인을 보러 가세."

"그 분은 스님이 오신 것도 알고 계시던데요."

표훈 스님이 자리에서 일어나며 말하자 의상대사도 말없이 따라 일어났다. 언덕 아래로 내려간 두 스님은 노인이 살고 있는 초막 안으로 들어서서 방 안을 들여다보았다. 방은 깨끗이 치워졌고 노인이 앉았던 자리에 종이 한 장이 놓여 있었다. 표훈 스님이 얼른 방으로 들어가서 종이를 펴보았다.

'세연이 다 돼서 나는 가오.'

표훈 스님은 놀란 얼굴로 종이를 스승한테 보여주었다.

"열반에 들 자리를 찾아 떠난 것 같네. 인연이 닿으면 다시 만나지겠지. 어느 생이 될지는 모르지만."

"열반에 들려고 떠나셨다면 시신을 수습해서 장례를 치러 주어야 하지 않겠습니까?"

"그런 번거로움을 피하기 위해서 자리를 뜬 것이니 그럴 필요 없네."

의상대사는 냉정하다고 느껴질 정도로 짧게 말했다.

"……."

표훈 스님이 서운한 표정을 지으며 입을 다물자, 의상대사가 나직이 말했다.

"관음대성을 이 땅에 모시기 위해 모였으니, 미래세에는 관음대성의 성업을 이루려고 다시 모이겠지."

표훈 스님은 스승이 한 말을 마음에 새기며 가만히 스승을 우러러보았다. 뭔가 약속을 하고 있다고 받아들이면서.

＊ ＊ ＊

그 후 의상대사는 부석사에 주석하면서 전국적으로 화엄사상을 펼치는 일에 전력했다. 그 일을 위해 대사가 지은 절은 부석사, 비마라사, 해인사, 옥천사, 범어사, 화엄사, 보원사, 갑사, 국신사, 청담사 등이며 이 절을 사람들은 화엄십찰華嚴十刹이라 불렀다.

화엄사상을 통해 세상의 균형을 잡으려 했던 의상대사를 후대 사람들은 해동海東 화엄종華嚴宗의 초조初祖라 했고, 고려 숙종은 해동화엄시조원교국사海東華嚴始祖圓敎國師라는 시호를 내렸다. 대사는 왕실과 교분을 맺으며 지냈지만 항상 검소한 생활을 했고, 임금이 감사한 마음과 존경하는 마음을 담아 스님에게 드린 땅을 받지 않고 되돌려 주었다.

원효대사가 황룡사에서 《금강삼매경론金剛三昧經論》을 강설할 때는 뒷자리에 앉아 강론을 경청했고, 세인들이 원효대사를 백고좌법회(백 명의 고승을 초청하는 법회)에도 초청하지 않을 만큼 무시했지만, 의상대사는 원효대사에게로 향한 존경심과 공경심을 놓은 적이 없었다.

표훈 스님은 금강산에 가서 깊은 수행을 했던 것으로 보인다. 그가 지은 표훈사는 신계사, 유점사, 장안사와 함께 금강산의 4대 사찰에 속한다. 금강산 수행을 마치고 서라벌로 돌아온 표훈 스님은 스승인 의상대사의 뒤를 이어 신라불교를 이끌어갔던 고승으로서의 자리를 지켰다. 그 당시 세인들은 표훈 스님이 천상과 지상을 마음대로 오르내릴 만큼 도력이 높은 스님으로 추앙하고 있었다. 표훈 스님은 아미타부처님이 계신 연화장세계에 태어나서 아미타부처님을 친견하고 대보살들과 더불어 미래세가 다하도록 불국정토를 구현하는 불사를 하겠노라고 서원했다. 그와 함께 불국정토를 구현하는 불사를 해갈 보살 중에는 아가도 있을 것이다.

표훈 스님과 아가, 아가와 표훈 스님, 그들 인연은 어떤 것이었을까? 표훈 스님은 수행을 통해 인연의 비밀을 풀었을까? 관세음보살의 눈과 관세음보살의 손이 되어 아파하는 사람들의 손을 잡아주려 했던 그 약속은 지금도 유효할까? 그렇다면 그들 두 사람은 관세음보살이 상주하고 계신, 그들의 인연이 맺어졌던 낙산으로 와서 그 서원을 완성해 갈 것이다. 그때가 바로 지금이 아닐까?

11
약속,
위대한 회향

"열강을 해주신 강현표 교수님께 감사의 박수를 쳐주십시오."

　도융 스님이 박수를 치며 좌중을 둘러보자, 모두 따라 박수를 치며 감사의 예를 올렸다.

　"부족한 강의를 끝까지 경청해주셔서 고맙습니다. 관세음보살과 의상대사를 이해하는 데 작은 주춧돌이라도 되었다면 더없이 기쁘겠습니다."

　강현표가 교수가 합장하며 답례를 했다.

　"관세음보살은 모르지만 의상대사는 확실히 이해가 되었습니다. 이제는 어디 가서도 의상대사에 대해서는 자신 있게 말할 수 있을 것 같습니다."

　고등학교에서 역사를 가르치는 양기석이 미소를 지으며 말했다.

"저도 그렇습니다. 의상대사가 사셨던 시대적 배경을 말해주시니 스님에 대한 이해가 확실히 되었습니다. 의상대사가 양양에 오셔서 낙산이라는 지명을 처음 들은 곳이 어딘지 연구해봐야겠습니다."

향토문화에 관심을 가지고 있는 김진교가 말했다.

"저는 새들이 씨앗을 물고와 길상초 언덕을 만들었다는 말을 듣는 순간 가슴이 뛰었습니다. 어떻게 하면 새들을 불러 모아 길상초 언덕을 다시 만들 수 있을까요? 저 가지고는 안 되겠지요?"

약국을 운영하는 임부용이 좌중을 둘러보며 문자 웃음이 터졌다.

"임 선생님이 길상초를 키우면 방석은 제가 짜겠습니다. 깔고 앉기만 해도 모든 소원이 이루어지는 그런 방석 말입니다."

복지사 박찬규가 말하자 임부용이 박찬규를 향해 눈을 흘겼다.

"그러니까 결국 새를 불러 모으는 일은 불가능하다는 말씀이시군요."

"저는 이번 강의를 들으면서 의상대사가 사셨던 시대가 지금 우리가 살고 있는 시대와 다르지 않다는 생각을 했어요. 삼국을 통일하기 위해 서로 각축전을 벌이고, 통일 후에 하나로 통합하기 위해 지혜를 모으는…… 남북통일도 그런 과정을 거치게 될 것 같다는 생각을 계속했어요."

송현의 말을 듣고 모두 공감하며 고개를 끄덕였다. 원산에서 온 탈북자 송현은 통일을 어떻게 이루어가야 할 것인가가 가장 주된 관심사인 것 같았다.

"낙산사 후원에서 식사를 도와드리는 일이 굉장히 보람 있게 느껴졌어요. 모든 사람들이 관세음보살님의 가피를 잘 받을 수 있게 돕는 일인 것 같아서요. 기도도 먹어야 하잖아요."

이숙현이 웃으며 말하자 모두 고개를 끄덕이며 웃었다.

"지금까지 아무 말도 하지 않은 분은 유향 선생 같은데 유향 선생도 한 말씀하시지요."

도융 스님이 유향을 돌아다보며 미소를 지었다.

"저는 아가가 누굴까? 하는 생각을 하느라고 다른 생각은 할 수가 없었어요. 아가는 누굴까요?"

유향이 진지한 표정을 지으며 좌중을 둘러보았다. 그러자 모두 생각하는 표정을 지으며 고개를 갸웃했다. 정말 아가는 누구지?

"아가가 누군지는 잘 모르지만 유향 선생 전신 같다는 생각은 들어요. 아가가 유향 선생 전신이 아닐까요?"

임부용이 의외의 말을 했다.

"전신이라면 전생을 말하는 건가요?"

이숙현이 물었다.

"네."

임부용이 고개를 끄덕였다. 그러자 모두의 시선이 유향 쪽으로 쏠렸다. 젖 유 자가 들어간 이름이 어쩐지 아가라는 말과 통하는 것 같고, 조각가라는 직업도 왠지 아가를 연상시키게 했다. 정말 그런 거 같네. 모두가 이런 생각을 하고 있을 때,

"그럼 표훈 스님은요?"

이숙현이 임부용을 보며 물었다.

"표훈 스님은 강현표 교수님 아닐까요? 이름에 다같이 ㅍ, ㅎ이 들어가서인지는 모르지만 저는 표훈 스님이 강현표 교수님 같다는 생각이 드는데요. 경주에서 사시는 것도 그렇고요."

임부용이 말했다. 그러자 시선이 강현표 교수한테로 쏠렸다.

"그렇다면 이 자리는 굉장한 자리네요. 가슴이 떨려서 말을 못하겠는데요."

박찬규가 손을 가슴에 얹으며 말했다. 방 안엔 묘한 흥분이 일고, 사람들은 입을 다문 채 침묵했다. 잠시 천 년 부피의 고요가 흘러가는 것 같았다.

"아가와 표훈 스님의 후신이 이 자리에 함께하고 있다는 상상만으로도 지금 이 자리는 너무도 감동적입니다. 흡사 두 분이 1,300여 년 전에 했던 약속을 지키기 위해 오신 것 같아서 말입니다. 유향 선생이 아가의 후신인지, 강현표 교수님이 표훈 스님의 후손인지를 가릴 필요는 없다고 봅니다. 우리 안목으로는 가릴 수도 없고요. 이왕 그런 말이 나왔으니 여기 있는 우리 모두가 그냥 믿는 걸로 하면 어떨까요? 아가와 표훈 스님이 1,300여 년 전에 했던 약속을 지키기 위해 지금 이 자리에 우리와 함께하고 있다고 말

입니다."

도융 스님이 좌중을 둘러보며 말했다. 말하고 있는 스님 목소리가 떨리고 있었다.

"굉장한 발견입니다. 아니 굉장한 상상입니다. 우리 그렇게 믿기로 하지요."

양기석이 고개를 쑥 빼며 큰 소리로 말했다.

"좋습니다. 이의를 달지 말고 그냥 믿는 걸로 합시다. 믿는 것만으로도 유쾌하고 행복한데 딴죽을 걸 일이 뭐가 있습니까?"

김진교도 큰 소리로 말했다.

"다른 분들도 동의하십니까?"

도융 스님이 좌중을 둘러보며 물었다.

"네. 동의합니다."

모두 웃으며 박수를 쳤다.

"관중의 동의를 얻었으니 이번에는 주인공의 동의를 얻을 차례군요. 유향 선생님, 우리 상상에 동의하십니까?"

도융 스님이 유향에게로 고개를 돌렸다.

"머리가 어질어질 해서 뭐라고 말할 수가 없어요."

유향이 빨갛게 상기된 얼굴로 말했다.

"그건 쾌속열차를 타고 1,300여 년을 달려왔기 때문입니다. 곧 나아질 겁니다."

박찬규의 말에 모두 한마디씩 거들며 웃음을 터트렸다.

"부정을 안 하시니 긍정하신 걸로 받아들이겠습니다. 그럼 이번엔 강현표 교수님께 묻겠습니다. 동의하십니까?"

도융 스님이 미소를 지으며 쳐다봤다.

"동의합니다. 아가하고 한 약속을 반드시 지키겠다고 서원을 세우고 온 표훈 스님, 아니 강현표입니다. 여러분들의 협조를 부탁드립니다."

강현표 교수가 오른팔을 번쩍 들며 큰 소리로 말했다. 그러자 유쾌한 웃음 소리와 함께 박수 소리가 터져 나왔다.

"저도 머리가 어질어질 한 걸 보니 쾌속열차를 타고 온 거 같습니다. 잠시 휴식시간을 가지도록 하겠습니다. 그동안 관세음보살님의 눈과 관세음보살님의 손이 되어 아파하는 사람들의 손을 잡아주는 것이 어떤 것인지를 각자 생각해보도록 하십시오."

도융 스님이 합장을 하며 좌중을 둘러봤다.

"아, 맞아요. 스님도 쾌속열차를 타고 오신 게 틀림없어요. 의상 스님 십대제자 중에 도융 스님이 계시잖아요? 스님은 법명도 똑같으니 틀림없이 의상 스님 제자일 거예요."

이숙현이 말했다. 그러자 모두의 시선이 도융 스님한테로 쏠렸다.

"좋습니다. 의상 스님 십대제자 중에 하나였던 도융 인사 드리겠습니다. 우리가 여기서 법석을 펴면 머지않아 의상 스님도 오실 것 같습니다. 여기 계신 분들은 의상 스님과 다 인연이 있는 듯하니 스승이 오시기 전에 기초를 잘 닦아 놓도록 하십시다."

도융 스님이 좌중을 둘러보며 웃었다. 그러자 모두 자신의 전생을 상상해보며 왁자지껄하게 떠들었다. 유쾌하고 행복한 분위기다.

"스님이 내주신 숙제를 풀기 전에 꼭 짚고 넘어가야 할 얘기가 있어요. 우선 이 얘기부터 하고 본론으로 들어갔으면 좋겠어요. 아가 얘긴데요. '할아버지가 가을 하늘이라면 표훈 스님은 봄날의 들판이었다. 청정하고 맑은 기운으로 가득 차있는 할아버지의 세계에 익숙해 있는 아가에게 표훈 스님은 따뜻하고 아늑하고 부드러운 들판이 있다는 것을 알려 주었다.' 저는 이 얘기가 굉장히 가슴에 와 닿았는데 이 얘기부터 했으면 좋겠어요."

이숙현이 좌중을 둘러보며 말했다.

"선녀가 하늘에서 쫓겨난 얘기 말입니까?"

김진교가 웃으며 묻자 이숙현도 따라 웃었다.

"맞아요. 그 얘기예요."

"여기 있는 사람들은 모두 하늘에서 쫓겨난 사람들 아닙니까? 청정하고 맑은 기운으로 가득 차있는 진여법계眞如法界에서, 따뜻하고 아늑하고 부드러운 세계가 있다고 믿고 현상계로 왔으니 말입니다."

도융 스님이 웃었다.

"스님 말씀을 듣고 보니 그렇다는 생각이 드네요. 아가가 우리한테 그걸 가르쳐 주었군요."

임부용이 긍정하는 얼굴로 고개를 끄덕였다.

"현상계로 쫓겨났으니 각자 할 말이 있는 거지 진여법계에 머물러 있다면 무슨 할 말이 있겠습니까? 비로자나부처님처럼 침묵하고 있다가 가끔씩 미간백호에서 광명을 놓아 시방세계를 둘러보는 것밖에는요."

양기석이 화답했다.

"듣고 보니 봄날의 들판이 있다는 걸 안 건 굉장한 축복 같은데요."

송현이 말했다.

"축복인 동시에 함정이지요. 그래서 모두 이 고생을 하고 있는 거 아닙니까?"

하 하 하, 동병상련이라고 할까. 웃음 소리가 유난히 크다.

"아가 얘기는 이 정도로 끝내고 이제부터는 본격적으로 숙제를 풀도록 합시다. 우리가 풀어야 할 숙제는 관세음보살님의 눈과 관세음보살님의 손이 되어 아파하는 사람들의 손을 잡아주는 것인데요, 이 말을 다른 말로 바꿔서 하면 어떻게 하면 관세음보살님의 행을 우리도 따라할 수 있는가일 것입니다. 말하자면 관세음보살님의 화신불이 되어 살아가자는 것이지요. 숙제를 낸 강 교수님이 아득한 기억을 되살려서 답을 찾아봐 주십시오."

도융 스님이 강현표 교수를 보며 웃었다.

"그럼 아득한 기억을 되살려서 답을 찾아보겠습니다. 관세음보살님의 화신불이 되기 위해서는 관세음보살님을 아는 일부터 선행돼야 할 것입니다. 그런 후에 관세음보살님께로 다가가는 방법을 찾고, 화신불로서의 서원을 세워 스스로 실천하는 행을 해야 한다고 봅니다. 그러기 때문에 숙제를 푸는 방법도 세 단계로 접근을 했으면 좋겠습니다."

강현표 교수가 도융 스님 쪽으로 시선을 돌리며 말했다.

"좋습니다. 그렇게 하십시오."

도융 스님이 동의했다.

"그럼 첫 번째로 할 일은 관세음보살님을 아는 일인데요. 유향 선생이 관세음보살님을 찬탄하는 게송을 낭송해 주시지요."

"……?"

그러자 모두 어리둥절한 얼굴로 강현표 교수와 유향을 번갈아 바라보았다.

"제가 왜 유향 선생한테 부탁을 드렸는지 부연 설명을 해야겠군요. 경주에서 방학한 날 여기로 와서 하룻밤 자고 새벽에 의상대로 갔습니다. 일출을 보기 위해서였지요. 그랬더니 유향 선생이 의상대에 서서 게송을 낭송하고 있더군요. 그 소리가 아름답게 들려서 뒤에서 듣다가 낭송이 끝난 후 무슨 게송이냐고 물었습니다. 그랬더니 〈관세음보살보문품〉에 나오는 게송인데 무진의 보살이 관세음보살을 찬탄한 게송이라고 하더군요. 관세음보살님을 가장 잘 표현한 게송 같아서 지금 부탁을 드렸습니다."

강현표 교수가 설명했다. 그러자 모두 이해가 된다는 얼굴로 머리를 끄덕였다.

"새벽예불이 끝나면 의상대로 나가서 관세음보살님을 그리워하며 낭송한 게송입니다. 그럼 《법화경》〈관세음보살보문품〉에 나오는 게송을 낭송하겠습니다."

아름답고 맑고 깨끗한 눈을 지니신 이여

광대한 지혜의 눈을 지니신 이여

자비로운 눈을 지니신 이여

늘 우러러 볼 것입니다.

당신은 청정무구한 광명 뿜는

해와 같은 그 지혜로 모든 어둠 깨뜨리시고

풍재 화재 등 온갖 재난 조복하시어

이 세간 두루 밝게 비추십니다.

또 비悲를 본체로 하는 계戒를 우레 삼고

자慈를 묘한 구름 삼아

천상의 감로수 같은 법 비 내리셔서

번뇌의 불꽃 멸해 주십니다.

또 송사 다루는 관청이나

두려운 싸움터에 있을지라도

관음의 힘 생각하면
모든 적들 다 물러갑니다.

관세음의 묘한 음성은
범천왕의 음성과 같고
바다의 조수 소리와 같은 그 음성은
세간의 그 어떤 소리보다 훌륭합니다.
그러므로 언제나 관세음 생각하되
잠시라도 의심치 말아야 할 것입니다.
청정하신 성인 관세음께서는
갖가지 고뇌와 죽음의 재앙 속에서
믿고 의지할 바 되며
일체 공덕 갖추신 이요
자비로운 눈으로 중생을 보는 이며
한량없는 복덕 모여드는 바다이니
머리 숙여 예배합니다.

유향이 맑고 청아한 소리로 게송을 마치자 사람들은 숨도 쉬지 못하고 유향을 바라보았다. 관세음보살을 향한 그리움이 목소리 안에 오롯하게 담겨 있었다. 자신들은 한 번도 관세음보살을 그리워해 본 적이 없었는데 특이한 경험이었다.

"유향 선생, 앞부분만 한 번 더 낭송해주세요. 그러면 관세음보 살님의 모습이 그려질 것 같아요."

이숙현이 청했다. 청을 받은 유향은 자세를 바로하며 잠시 눈을 감다가 천천히 낭송을 시작했다.

아름답고 맑고 깨끗한 눈을 지니신 이여
광대한 지혜의 눈을 지니신 이여
자비로운 눈을 지니신 이여
늘 우러러 볼 것입니다.
당신은 청정무구한 광명 뿜는
해와 같은 그 지혜로 모든 어둠 깨뜨리시고
풍재 화재 등 온갖 재난 조복하시어
이 세간 두루 밝게 비추십니다.

"그러니까 관세음보살님의 천수천안이 되기 위해서는 아름답고 맑고 깨끗한 눈으로 세상을 봐야하며, 광대한 지혜의 눈으로 세상을 봐야하며, 자비로운 눈으로 세상을 봐야하는 힘부터 먼저 갖추어야겠네요. 그러면 청정무구한 광명 뿜는 해와 같은 지혜로 모든 어둠 깨뜨리고 온갖 재난 조복해서 일체중생을 제도하게 될 테니까요."

이숙현의 말을 듣고 사람들은 천천히 고개를 끄덕였다.

"천수천안 관세음보살 할 때 손이 눈보다 먼저 나오는데, 실은 지혜의 눈을 먼저 갖추어야 자비행이 따른다는 말이 되겠군요."

양기석이 풀이했다.

"우리 자신을 봐도 먼저 보고 난 후에 마음을 일으켜 행을 하게 되니까 보는 일이 먼저일 것 같습니다."

김진교도 거들었다.

"그런데 관세음보살님을 설명할 때는 천수천안 하고 손을 먼저 거명하잖아요?"

이숙현이 물었다.

"그건 아마도 행行의 중요성을 강조하기 위해서인 것 같습니다. 중생제도는 결국 행을 통해서니까요."

복지사 박찬규가 말했다.

"좋은 말씀을 해주셨는데 그런 얘긴 나중에 공부를 해가면서 정리하기로 하지요. 게송을 듣고 나니 관세음보살님이 어떤 분이신지 모습이 그려지지 않으십니까?"

강현표 교수가 좌중을 둘러보며 물었다.

"유향 선생처럼 게송을 계속 외우면 관세음보살님 모습이 그려질 것 같아요. 지금도 아름답고 맑고 깨끗한 눈을 지닌 관세음보살님이 우리들을 굽어보고 계신 것 같아서 가슴이 숙연해져요."

임부용이 합장을 하며 고개를 숙였다. 지금까지는 명호로 관세음보살을 부르기만 했는데, 이제 모습으로 관세음보살님을 그릴 수 있다고 생각하니 경이로움이 느껴졌다.

"그럼 관세음보살님이 어떤 분인지에 대해서는 〈관세음보살보문품〉 안에 있는 게송을 공부하면서 알아가기로 하고, 두 번째 항목인 관세음보살님에게로 다가가는 방법에 대해서 생각해보기로 하겠습니다. 저는 이 항목에 대한 답은 의상대사께서 관음굴 앞에서 드렸던 기도문에서 찾으면 좋겠다고 생각합니다. 지난 번 공부하면서 들으셨겠지만 제가 다시 한 번 대사님의 기도문을 낭송해 드리겠습니다."

강현표 교수는 자세를 바로하며 의상대사의 기도문을 천천히 낭송했다.

관음대성의 지혜는 둥근 거울과 같습니다.
그 지혜는 청정하고 밝아서 시방세계에 두루 비추며
넓고 텅 비어서 드러나지 않음이 없습니다.
이제 제가 대성의 지혜 속에 들어가
십원과 육향을 성취하여
대성이 천수천안으로 일체중생을 제도하듯
저 또한 그와 같이 일체중생을 제도하려 합니다.
부디 성스러운 모습 나투시어
저의 발원을 증명하여 주옵소서.
관음대성이 아미타부처님을 받들어 모시는 것처럼

저 또한 관음대성을 머리 위에 받들어 모시며
영원토록 스승으로서의 예경 올리겠습니다.

강현표 교수의 기도문 낭송이 끝나자 사람들은 합장하며 조용히 머리를 숙였다. 기도문 내용과 자신들의 마음이 다르지 않다는 것을 표현하고 있었다.

"여기서 주의 깊게 살펴봐야 할 내용은 십원과 육향을 성취하여 관음대성이 천수천안으로 일체중생을 제도하듯 대사님도 그렇게 일체중생을 제도하며 살겠다고 발원하신 것입니다. 그렇게 하기 위한 전제 조건이 십원과 육향을 성취하는 것이라고 했습니다.

십원은 여러분들도 잘 알고 있는 모든 가르침을 알고, 지혜의 눈을 열고, 모든 중생을 제도하고, 좋은 방편을 얻고, 지혜의 배에 타고, 괴로움의 바다를 건너고, 계율과 선정을 이루고, 열반의 산에 오르고, 무분별의 집에 들고, 진리의 몸을 이루려는 서원입니다.

그리고 육향은 내가 나아감으로 해서 칼산지옥이 무너지고, 화탕지옥이 마르고, 지옥이 소멸되고, 아귀들이 배부르고, 아수라들의 악한 마음이 굴복되고, 축생들이 지혜를 이루게 하는 것입니다. 우리가 관음대성께로 나아가는 일 역시 이 십원과 육향의 실천에 있다고 봅니다.

끊임없이 실천하고 실천함으로써 한 발 한 발 관음대성께로 나아가고, 그렇게 함으로써 그 분의 든든한 눈과 손이 돼서 관음대성과 함께 일체중생을 제도하는 화신불로 살아가게 된다고 봅니다. 우린 이미 그 일을 하고 있고 앞으로도 계속하게 될 것입니다."

강교수가 힘 있게 말했다.

"교수님 설명에서 한 가지 빠진 게 있는데요. '관음대성이 아미타부처님을 받들어 모시는 것처럼 저 또한 관음대성을 머리 위에 받들어 모시며 영원토록 스승으로서의 예경 올리겠습니다'라고 한 말이요."

유향이 상기된 얼굴로 말하자

"아주 중요한 걸 빠뜨렸군요. 지금 유향 선생이 지적하신 내용도 함께 넣어야 기도문이 완성됩니다."

강 교수가 미소를 지었다.

"관세음보살님이 어떤 부처님인지, 어떻게 다가가야 하는지에 대해서는 어느 정도 윤곽이 잡힌 것 같습니다. 단락을 나누어서 차근차근 공부해 가다보면 이해가 되리라고 봅니다. 공부 방법은 부처님이 제자들과 했던 공부법 즉 빠리사로 하겠습니다. 빠리사는 둥그렇게 둘러 앉아 서로 질문하고 답하고 토론하면서 핵심을 찾아들어가는 공부법입니다. 함께하는 사람들은 평등한 자격으로 참여하게 됩니다. 부처님도 초기에 그런 방법으로 제자들을 가르치셨습니다.

그럼 잠시 차담 시간을 가진 뒤에 나머지 항목, 어떻게 하면 관세음보살님의 천수천안이 되어 화신불로 살아갈 수 있는가 하는 문제를 다루도록 하겠습니다. 강 교수님 괜찮으시죠?"

도융 스님이 강 교수에게 동의를 구했다.

"물론 괜찮지요. 제가 먼저 제안하고 싶었는데요."

강 교수가 앞에 놓였던 책을 접으며 유쾌하게 말했다. 그러자 모두 유쾌한 얼굴로 차(茶)가 있는 옆방으로 건너갔다.

* * *

"이번 공부 모임에서 꽃이라고 할 수 있는 관세음보살의 화신불 운동을 어떻게 전개할 수 있는가에 대해 얘기하도록 하겠습니다. 강 교수님이 담론을 이끌어 주시지요."

도융 스님이 강 교수 쪽으로 고개를 돌리며 말했다.

"그렇게 하겠습니다. 화신불은 말 그대로 부처님으로 화현해서 모습을 드러내는 것입니다. 부처님은 부사의한 힘을 지니고 계시기 때문에 필요에 의해서 스스로 수천 수만 수억의 모습을 드러낼 수 있습니다. 중생을 제도하기 위한 방편에 의해서죠. 그럼 부처님이 아닌 우리들이 부처님의 화신불이 되려면 어떻게 해야 하나, 이것이 우리가 풀어야 할 문제의 핵심 아니겠습니까?"

강 교수가 동의를 구하는 얼굴로 좌중을 둘러보았다.

"그렇지요. 그게 우리가 풀어야 할 문제의 핵심이지요."

김진교가 화답했다.

"의상대사는 이 문제를 해결하기 위한 방법으로 십원과 육향의 성취를 제시했습니다. 스스로 부처님을 닮아가려는 노력을 부단히 함으로써 부처님과 일치해질 수 있다는 것이지요. 그러니까 화신불로 사는 것은 중생을 제도하는 일인 동시에 자신이 성불해가는 길이기도 한 것입니다. 이것이 바로 대승불교의 보살사상입니다."

"화신불 운동은 외양으로 보면 중생을 제도하는 운동을 벌이는 것 같지만, 실은 참가한 사람들 모두가 성불해가는 일체성불 운동을 펴는 일이라는 뜻이군요."

"그렇습니다. 그게 바로 대승보살사상입니다. 그러기 때문에 대승보살사상의 관점에서 본다면 중생 제도에 관심이 없는 사람은 성불할 수 없고, 고통 받는 사람들을 그대로 놔두고 혼자 열반에 드는 것은 무의미한 것으로 간주하지요. 여기에서 화신불 운동의 필요성이 제시되는 것입니다."

"우리가 하고자 하는 일이 무엇인지 이제 어렴풋하게 윤곽이 잡히는 것 같습니다."

"그럼 어떻게 접근해가야 하나 하는 방법이 제시돼야 하는데요. 개인적으로는 인연에 충실하는 것이고, 전체적으로는 공동체 의식을 가지는 것이라고 생각합니다. 개인은 전체에 속해 있고, 전체는 개인으로 구성돼 있기 때문에 이 둘을 포섭하는 것은 불가분의 일이라고 봅니다. 그럼 먼저 인연에 충실하는 것에 대해 생각해보도록 하겠습니다. 여기서 충실한다는 것은 화신불로서의 역할을 한다는 말과 같습니다. 우리가 살아가면서 맺고 있는 인연에 대해서 생각해보도록 하지요."

"그야 뭐 부모, 자식, 부부, 형제, 친인척, 친지, 이웃, 직장동료, 동창, 절이나 교회 등 종교적으로 만나진 사람들, 각종 모임에서 만난 사람들, 그런 정도가 아니겠습니까?"

"경우에 따라서 조금씩 달라질 수도 있겠지만 지금 열거한 내용이 우리가 살아가면서 맺게 되는 개인적인 인연인 것 같습니다. 그럼 이번에는 전체가 함께 맺게 되는 인연에 대해서 생각해봅시다. 그 인연에는 어떤 것이 있을까요?"

"사회, 국가, 세계, 좀 더 확산하면 우주 같은 거지요."

"우주까지 나왔으니 펼쳐질 세계는 다 펼쳐진 거 같습니다. 그렇다면 우리는 이 세계 안에서 어떻게 화신불 운동을 펼쳐 나가야 할까요?"

"너무 광범위해지니 머릿속이 어질어질 해지는데요."

"개인적인 인연도, 전체적인 인연도 어질어질 해지지 않는 범위 내에서만 생각해봅시다."

"그러는 게 좋겠습니다. 그 범위도 각자 다를 테니까요."

"그럼 지금부터는 개념적인 얘기는 그만하고 구체적인 얘기로 들어가도록 하겠습니다. 도융 스님부터 말씀해주십시오. 스님은 화신불이 되어서 어떤 일을 하고 싶습니까?"

"첫째는 부처님 정법을 펴는 일이고, 둘째는 부처님 정법 안에서 행복하게 사는 길을 열어주는 것이고, 셋째는 화신불 일을 하면서 제 자신이 행복해지는 것입니다."

"좋습니다. 그럼 다른 분도 말씀해 보시지요. 양 선생님이 손을 드셨군요. 말씀해 보십시오."

"저는 선생이니까 학생들과의 관계를 생각하지 않을 수 없군요. 저로 인해서 마음의 상처를 받는 학생이 없게 하는 것, 저로 인해서 인생에 대해 새로운 희망을 가지게 하는 것, 이 두 가지를 실천하면서 살고 싶습니다. 이 두 가지는 다 말에 의해서 이루어지므로 말을 조심하는 일을 제 구도의 축으로 삼겠습니다. 학생들한테 그렇게 하려고 마음을 먹다보면 가족을 위시해 제가 인연 맺고 있는 모든 사람들한테도 그렇게 하려고 노력할 게 아닙니까? 저는 말을 다스리는 일을 화신불의 축으로 삼겠습니다."

"좋은 말씀을 해주셨습니다. 그럼 그 옆에 계신 김진교 선생님이 말씀해 주시지요."

"그러겠습니다. 제가 하는 일은 농사를 짓는 일입니다. 제가 거두는 농작물을 돈으로 보지 않고 생명을 살리는 소중한 영약으로 보면서 농사를 짓겠습니다."

"농사를 짓는 분이 그런 마음으로 농사를 짓는다면 거두어 들이는 농작물은 틀림없이 생명을 살려내는 영약이 될 것 같습니다. 이번에는 약국을 운영하는 임 선생님이 말씀해 주시지요."

"제가 가장 실천하기 어려운 것은 겸손입니다. 초등학교에서부터 중고등학교를 시골에서 다닌 저는 항상 공부 잘하는 아이, 똑똑한 아이라는 말을 듣고 자랐습니다. 그러다 보니 은연중에 교만한 마음이 제 가슴속에서 자라고 있었습니다. 그러다가 서울에 있는 대학에 가보니 제가 똑똑한 것은 똑똑한 것도 아니었습니다. 저는 그때부터 세상에는 똑똑한 사람이 너무 많구나, 하는 것을 알고 비명을 질렀습니다. 그런데도 불구하고 어렸을 때 길들여진 교만함이 수시로 고개를 들고 제 삶을 방해했습니다. 부처님 법을 모를 때는 제 안에 있는 교만함이 제 인생에 독이 된다는 것을 몰랐습니다. 그러다가 부처님 가르침을 공부하면서부터는 교만함을 뿌리 뽑지 않으면 저와 제 주위 사람들을 망치겠구나, 하는 것을 알게 됐습니다. 제가 교만함에서 놓여나도록 저를 도와주십시오. 저는 교만함을 뿌리 뽑는 것으로 화신불 운동에 동참하겠습니다."

"석가모니 부처님도 겸손함을 배우기 위해 한 생을 바친 것을 고백한 적이 있습니다. 꼭 그런 모습을 보여주셔서 사람들이 겸손의 아름다움을 받아들이게 해주십시오. 이번에는 박찬국 선생이 말씀하실까요?"

"낙산사 복지관에서 일하는 박찬국입니다. 저는 복지관이 바로 관세음보살의 원력을 실천하는 현장이라고 생각하고 있습니다. 병든 사람, 가난한 사람, 혼자인 사람, 정신적인 질환을 앓고 있는 사람…… 이런 사람들은 누군가의 도움이 없으면 살아갈 수 없는 사람들입니다. 이런 사람들에게 따뜻한 손길을 내밀어 살아갈 수 있도록 돕는 것, 이것이 현대의 복지관입니다. 외형적으로는 관세음보살의 원력을 실천하는 장이 만들어졌는데 그 안에 어떤 내용물을 담느냐가 복지사들이 풀어가야 할 과제인 것 같습니다. 제가 여기서 관세음보살의 화신불이 되어 맹활약을 할 수 있도록 도와주십시오."

박찬규가 꾸뻑하고 절을 했다. 활기찬 젊은이의 모습이 기분 좋게 느껴졌다.

"좋습니다. 관세음보살의 화신불로 맹활약을 하시기 바랍니다. 이번에는 이숙현 선생이 말씀하실까요?"

"주부로 살고 있는 이숙현입니다. 지금까지는 제 자신이 미미하다는 생각 때문에 가끔씩 괴로웠는데 관세음보살님의 화신불로 살 수 있다고 생각하니 세상을 다 얻은 것처럼 벅찹니다. 제가 관세음보살의 화신불이라고 생각하니 할 수 있는 일이 너무 많습니다. 엄마도 그냥 엄마가 아니라 관세음보살의 화신불인 엄마고, 아내도 그냥 아내가 아니라 관세음보살의 화신불인 아내고, 딸 며느리 언니 누나 친인척 친구 동네 아줌마 후원 도우미…… 갑자기 성능 좋은 배터리가 달린 것처럼 동분서주하는 제 모습이 보여서 가슴이 터질 것 같습니다. 이 자리에 저를 있게 해주신 도융 스님께 감사 드립니다."

"관세음보살님 화신불 운동을 가장 잘 이해하는 분이 이숙현 선생 같습니다. 배터리가 계속 좋은 성능을 유지하도록 이 자리에 계신 분들이 지속적으로 충전을 시켜주십시오. 그럼 북에서 오신 송현 선생이 말씀해볼까요?"

"남북이 분단된 후로 도道 지명이 바뀌었지만 강원도만 남과 북이 그대로 쓰고 있습니다. 저는 강원도 원산에서 온 송현입니다. 여기 와서 불교를 알게 됐고 관세음보살님 화신불 운동에도 참여하게 돼서 감격스럽습니다. 저는 강 교수님의 강의를 들으면서 통일 후에 남북한을 묶을 수 있는 공동체 의식이 어떤 것이 되어야 하는가를 계속 생각했습니다. 이제 화신불 운동을 펴시려 하니 제게 그 일을 할 수 있는 방법을 좀 알려 주십시오."

"그 문제는 우리 모두의 화두일 것입니다. 저도 오랫동안 그 문제를 생각해 오다 근래에 좋은 모델을 찾아냈습니다. 그건 우리 모두가 알고 있는 경주 최부자집 얘긴데요. 저는 그 댁이 지켜왔던 생활철학이 이 시대에도 유효한 생활철학이 될 수 있다고 믿고 있습니다. 왜 그런가 하면 그 댁의 생활철학은 공동체의식을 바탕으로 하고 있기 때문입니다. 경주 최부자댁의 철학을 현대에 맞게 손질한다면 통일 후에 남북을 잇는 생활철학 경제철학으로 훌륭히 발전시킬 수 있다고 봅니다."

"……?"

"경제 하면 서양적인 개념으로 받아들이게 되고, 그것을 운용

하는 이론도 서양학자들에 의해서 찾아야 하는 것처럼 생각하게 되는데 경주 최부자집의 경제 개념은 지금 우리가 그대로 답습해도 전혀 손색이 없다고 봅니다. 그럼 그 댁의 유훈遺訓 중에 경제와 관계된 것을 말씀드리겠습니다.

첫째는 만석 이상의 재산을 모으지 마라. 만약 만석이 넘으면 이웃에 환원해라입니다. 한 가정이 누릴 수 있는 재산 규모는 그 당시로 봐서 만석이면 충분하다고 본 것이지요. 만석이면 엄청난 규모의 재산입니다. 매년 만석의 곡물이 소출된다면 일반인들로서는 상상할 수 없는 규모의 재산이지요. 하지만 만석을 누린 다른 사람들은 이만하면 족하다고 생각하지 않았습니다. 만석 재산을 가지고 이만석, 삼만석 재산을 만들려고 혈안이 돼 있었으니까요. 이것이 다른 부자와 최부자집의 차이점입니다."

"……"

"그리고 두 번째는 흉년에는 남의 땅을 사지 마라입니다. 흉년이 들면 쌀 한 말을 빌려주고 다음에 쌀 한 가마를 받는 것이 부자들의 보편적인 행태였습니다. 남이 불행해서 힘이 없을 때 그 사람을 깔아뭉개서 이익을 차지하려는 것이지요. 그런데 최부자집은 그렇게 하지 않았습니다. 남의 불행을 빌미로 해서 자신의 욕심을 채우려 하지 않았다는 것이지요. 이 유훈도 씹으면 씹을수록 진한 맛이 나옵니다. 요즈음 골목 상권 얘기가 많이 나오는 데 골목 상권도 큰 기업들이 다 차지하고 있습니다. 서민들은 살아갈 수가 없게 돼 있습니다. 두 번째 유훈에서 이런 문제도 깊이 생각해봤으면 합니다. 함께 살아가는 공동체 의식의 회복 말입니다."

"······."

"그리고 세 번째는 사방 백 리 안에 굶어죽는 사람이 없게 하라입니다. 사방 백 리면 몇 개 면은 물론이고 몇 개 군도 포함될 것입니다. 그 안에 굶어죽는 사람이 없게 마음을 쓰라는 것이지요. 이게 바로 우리가 꿈꾸는 세상 아닙니까?

지금 우리가 경험하고 있는 경제 구조는 무한경쟁과 무한소유입니다. 무한경쟁을 통해서 무한 부를 누려라 이겁니다. 그래서 경제인들은 무한 경쟁을 하기 위해 질주하지요. 그들에겐 힘없는 사람, 뒤처진 사람, 모자라는 사람이 먹잇감이 되지요. 사람을 나라로 바꿔도 괜찮습니다. 이렇게 무한경쟁을 통해서 부를 축적하는 구조이기 때문에 거기에는 도덕이라는 개념이 들어갈 자리가 없습니다. 그러다보니 여기저기서 이러다가는 안 되겠다는 목소리가 나오게 되고 각종 제도가 등장해 제재를 가하려 고심하고 있습니다.

그런데 최부자집에선 조선 중기 때 이런 가훈을 만들어서 후손들로 하여금 욕망을 제어하고, 힘 없는 주위 사람들한테 관심을 가지게 했습니다. 실제로 후손들도 대대로 그 유훈을 지켜서 300년 동안 만석 재산을 유지했습니다. 이런 경우는 우리나라뿐 아니라 세계에서도 유례를 거의 찾아볼 수가 없습니다. 경영 체제가 발달한 현대에서도 대기업이, 세계적인 대기업이 300년을 이어 간다는 것은 아마 쉽지 않을 겁니다."

"경제 말고는 어떤 유훈이 있었는지 그것도 말씀해 주시지요."

"그러겠습니다. 첫째는 진사 이상의 벼슬을 하지 말라입니다. 진사는 과거 시험 초시에 합격하면 제수하는 일종의 명예입니다. 선비로서의 자격을 갖추었다고 나라가 인정하는 것이지요. 실제 로 벼슬을 하려면 복시라 해서 두 번째 과거시험을 봐서 합격해 야 합니다. 그러니까 이 집에서는 선비로서의 체면만 지키면 되지 벼슬까지는 하지 말라는 유훈이지요. 부와 권력이 만나면 어떤 부작용을 일으킬지를 안 것입니다.

그리고 두 번째는 과객을 후히 대접하라입니다. 과객은 여러 경 우가 있을 수 있는데 모르는 사람이 하룻밤 자고 가겠다고 청할 때 귀천을 가리지 말고 후하게 대접해서 보내라는 것이지요. 재워 주고 먹여주고 노잣돈까지 줘서 말입니다. 여기엔 애민 정신도 있 겠지만 적을 만들지 말라는 지혜도 포함돼 있는 것으로 보입니다.

그리고 세 번째는 최부자집으로 시집 온 새 며느리는 3년 동안 비단옷을 입지 말고 무명옷을 입으라고 했습니다. 이 유훈은 겸손 의 부덕을 가르치기 위함도 있지만 하인들과의 위화감을 조성하 지 않으려는 배려도 숨어있다고 봅니다. 자손들한테 덕과 지혜를 갖추게 하기 위한 깊은 성찰에서 나온 유훈들이지요."

"최부자집의 재산은 처음에 어떻게 조성 되었는가요?"

"최진립崔震立이라는 분이 청년 시절 임진왜란이 일어나자 아우 최계종과 함께 의병을 일으켜 왜적과 싸웠다고 합니다. 그 후 무과에 급제했는데 벼슬에 나가지 않고 있다가 정유재란이 일어나자 다시 결사대를 이끌고 서생포에서 왜군을 격멸시켰다고 하더군요. 그 후 벼슬길에 나가서 몇 개의 고을에서 부사 등을 역임했는데 병자호란이 일어났을 때는 공주영장으로 출전하여 적군과 싸우다가 장렬하게 최후를 마쳤다고 합니다. 그때 그 분의 나이가 69세였답니다. 그러자 나라에서 그 분의 공적을 기려 땅을 하사했는데 그 땅을 후손들이 잘 관리해서 만석꾼 재산을 만들었다고 하더군요.

만석의 재산을 300여 년 동안 유지해 오면서도 후손들이 유훈을 철저히 지켰기 때문에 그 집은 어느 누구의 원한도 사지 않았다고 합니다. 부자로 살면서 원한을 사지 않기는 참으로 어려운데 그 댁은 그렇게 살았다고 하더군요. 그러다가 일제강점기가 되자 그 댁에서 재산의 대부분을 독립자금으로 썼다고 합니다."

"경주 최부자집 얘기를 듣고 나니 잘산다는 게 어떤 것인지, 어떤 가문을 명문가라 하는지를 다시 생각하게 되는군요. 공동체 의식을 중심에 두고 있는 최부자집 유훈은 통일 대한민국을 만들어가는 데도 좋은 모델이 될 것 같습니다. 평범한 서민인 우리들한테도 많은 교훈을 안겨주고 있고요. 좋은 강의를 들려주셔서 고맙습니다."

"그런 의미에서 강 교수를 위해 박수를 한 번 치지요."

"아닙니다. 유향 선생 얘기까지를 듣고 박수를 받겠습니다. 유향 선생도 말씀해 주시지요."

"저는 성스러움을 조각으로 표현해보고 싶은 게 꿈입니다. 관세음보살의 형상을 꼭 조각으로 표현해 보겠습니다. 그래서 많은 사람들이 제가 조성한 관세음보살님을 보면서 성스러움을 이해하게 하겠습니다."

"역시 아가의 못다 이룬 꿈을 이루시려는 갈망을 가지고 계시군요.(웃음)"

"이 공부 모임에 참여하면서 얻은 결론은 힘들어 하는 사람을 외면하지 말고 손을 잡아주자는 것입니다. 가난으로 힘들든, 외로움으로 힘들든, 병고로 힘들든, 악연의 굴레에서 힘들든 우리 주변에는 힘든 사람들이 너무 많습니다. 그런데 주변에 있는 사람들의 힘듦에 관심을 가지기는 참으로 어렵습니다. 그래서 대개는 외면하게 되지요. 관심을 가지는 순간 내가 힘들어지니까요. 그런데 이번 공부를 통해 옆에 사람의 힘듦을 외면해서는 안 되겠다는 생각을 굳혔습니다. 외면하지 않을 뿐 아니라 다가가 손을 잡아줘야겠다는 생각도 같이요."

"그게 바로 관세음보살의 화신불 운동입니다. 그런 노력을 반복하다보면 공덕을 쌓는 힘이 내 안에서 생기고, 공덕을 쌓는 힘이 내 안에서 점점 커지게 되면 힘들어하는 사람들에게 실질적으로 도움을 주는 힘도 커지게 되지요. 이게 바로 화신불 운동의 핵심입니다."

"관세음보살님 화신불 운동은 끝없이 펼쳐질 현재진행형이라고 생각합니다. 우리들이 관세음보살이 되기까지 이어져 가야 할 운동이기 때문입니다. 그 안에는 개인의 완성과 세계의 완성이 함께 포함돼 있기 때문에 더욱 그렇다는 생각이 듭니다. 그러하기 때문에 관세음보살 화신불 운동은 이런 것이다, 하고 규범을 짓는 일은 위험한 일이라고 생각합니다. 장소와 시기 그리고 구성원에 따라 그 형태는 다양하게 전개될 수 있을 테니까요."

"옳은 말씀입니다. 그럼 지금 여기 모인 우리들이 어떤 화신불 운동을 일으킬까부터 고민해봅시다."

"좋습니다. 그렇게 하지요."

서로 바라보며 행복한 미소를 짓는다. 소중한 인연, 스스로 화신불이 되기를 발원하며 서로 탁마해가기로 약속하고 있는 도반들, 세상에 이보다 더 소중한 인연이 있을까?

* * *

함께 모여 한 달간 실천할 내용을 한 사람씩 발표한다. 발표를 듣고 보완해줄 내용이 있으면 서로 보완해준다. 좀 더 나은 화신불로서의 역할을 하게 하기 위한 배려다.

한 달 후 다시 모였을 때는 실천이 잘된 부분과 그렇지 못한 부분을 서로 발표한다. 그러면서 서로서로 찬탄하고 격려한다. 화신불 운동은 부처로서 하는 게 아니라, 부처로 나아가기 위해 하는 것임을 공유한다. 그래서 부족함을 채워가려고 부단히 노력하는 도반에 대해 깊은 연민을 느낀다. 연민은 사랑의 뿌리다. 자비를 실천해가는 토대다.

자신들이 손을 잡아주려 애쓰는 가난한 사람, 병든 사람, 외로운 사람, 온갖 정신질환으로 고통을 당하는 사람…… 이들은 자신들에게 연민의 감정을 심화시켜주는, 그래서 자신들을 보살로 완성해가게 하는 또 다른 의미의 고마운 보살이다. 이 사실을 깊이 인식하려 노력한다.

아름답고 맑고 깨끗한 눈을 지닌 보살이기를
광대한 지혜의 눈을 지닌 보살이기를
자비로운 눈을 지닌 보살이기를
서원합니다.
함께 좋은 세상을 만들어가는
주인공이라는 생각을 굳건히 하며
화신불 운동을 통해
그런 세상을 만들고자 서원합니다.

함께 동참할 도반을 늘려가려는 노력도 계속한다. 천 명이 모여 천 개의 꽃잎을 활짝 피우면 한 분의 관세음보살님이 이 세상에 나투게 된다. 천 명의 원력보살이 모이면 한 분의 관세음보살이 되어 주위에 있는 어려운 사람들의 손을 잡아줄 수 있다. 천 명의 원력보살이 모여 한 분의 관세음보살이, 천 명의 원력보살이 모여 한 분의 관세음보살이…… 이렇게 해서 이 세상은 천수천안의 관세음보살이 수없이 등장해 마침내 불국정토를 만들어간다.

관세음보살의 진신이 계신 낙산사를 중심으로 전국에서 천수천안 화신불 운동이 조용히, 그러나 힘차게 일어나고 있다. 부모의 사랑을 받고 자란 아이가 커서 주위에 사랑을 나누어 주며 부모의 역할을 하듯 1,300여 년이라는 세월은 우리 불자들을 화신불로 키우기에 충분한 세월이었다.

관세음보살님이 베풀어 주신 자비에
머리 숙여 예경 올립니다.

에필로그

1

시절인연이 도래한 것인가?

2017년, 낙산사를 중심으로 세 개의 마을에 〈불자마을〉이 자생적으로 형성되었다. 자생적이라는 말은 인위적으로 계획을 세워서가 아니라 자연스럽게 형성되었다는 얘기다. 세 개의 마을 중두 개의 마을은 낙산사 주변에 있는 상가를 중심으로 형성되었고, 한 개 마을은 오랜 세월 낙산사 근처에 자리하고 있는 자연부락 용호리龍虎里다.

에필로그에선 천 수백 년간 낙산사와 함께했을 용호리를 어떻게 불자마을로 단장할 수 있을까를 함께 꿈꿔 보려한다.

낙산사는 관음성지다. 그래서 많은 사람들은 관세음보살의 진신이 상주하고 계신다고 믿고 있다. 관세음보살 앞엔 항상 대자대

비라는 수식어가 붙는다. 세상에 살고 있는 일체중생의 고통을 소멸시켜주고, 그 중생들의 소원까지도 다 성취시켜 주시겠다는 원을 세우고 실천하고 계신 보살님이니, 그 앞에 어찌 대자대비라는 수식어가 붙지 않을 수 있겠는가?

자慈는 사랑이고 비悲는 연민이다. 자비는 사랑과 연민의 합성어이다. 그 앞에 대大 자가 있으니 지극한 사랑과 지극한 연민이다. 지극한 사랑과 지극한 연민의 마음을 가지고 계시기 때문에 관세음보살은 일체중생의 고통을 덜어주고 소원을 성취시켜 주실 수가 있다.

낙산사가 관음성지로 세상에 모습을 드러낸 지도 어언 1,300여 년의 세월이 흘러갔다. 그래서 요즈음 불자들을 중심으로 〈관세음보살 화신불 운동〉을 펼치려 한다. 〈관세음보살 화신불 운동〉은 불자 스스로가 관세음보살이 되어 주위를 맑히고 세상을 밝히며 살아가자는 운동이다. 그러기 위해서 가장 먼저 선행되어야 하는 것이 자비심이다.

내 마음 안에 사랑과 연민이 샘물처럼 끝없이 솟아나기란 생각처럼 쉽지가 않다. 그래서 뜻을 같이하는 도반들이 모여 서로 격려하고 탁마하면서 자신을 맑히고 세상을 밝혀 나가는 일을 함께 하자는 것이 화신불 운동의 취지다. 한 그루의 나무가 홀로 서있는 것보다는 서로 모여 숲을 이루었을 때 자신도 보호되고 전체도 장엄되는 이치다.

늘 관세음보살을 처다보며 무엇인가를 달라고 떼를 쓰는 유아적인 신앙에서 벗어나 관세음보살의 성스러운 일을 돕겠다고 나서는 우리 한 사람 한 사람을 바라보며 관세음보살은 환한 미소를 지으실 것이다. "고맙다. 너희가 있어 나도 행복하다" 하시면서. 관세음보살과 우리가 이렇게 교감하다보면 우리도 어느새 관세음보살을 닮아있지 않을까?

2

자비심과 상반되는 마음은 미움이다. 미움 안에는 증오, 분노, 질투심, 복수심, 저주의 마음 등이 담겨있다. 이런 마음이 우리 안에 자리하고 있으면 자비심은 설 자리를 잃고 만다. 관세음보살이 될 수가 없다. 그래서 용호리 불자마을에서 사는 도반들은 자신 안에 미움의 마음이 자리하지 못하도록 단도리를 한다. 들여다보고 또 들여다보면서.

그리고 옆에 있는 도반이 혹시 미움의 마음을 가지고 있으면 그 마음을 소멸시킬 수 있도록 서로 돕는다. 그렇게 할 수 있는 마음이 바로 사랑과 연민, 자비심이다. 자비심을 가진 도반이 옆에 있어 행복한 사람들이 함께 모여 사는 마을, 그 마을이 용호리 불자마을이다.

미움의 격랑 속에서 빠져 나온 나는 좀 더 편안한 마음으로 주위 사람들을 바라볼 수 있다. 있는 그대로를 바라보고 이해하려는 마음을 가지는 순간, 상대방의 고통이 내 눈에 들어오면서 돕고 싶은 마음이 생긴다. 나도 그 길을 걸어왔으니까. 내가 관세음보살로서 첫 발을 내딛는 성스러운 찰나다. 그 일을 나만 혼자 하는 것이 아니라 미움의 격랑 속을 빠져나온 다른 도반과 더불어 함께하자는 것이 〈관세음보살 화신불 운동〉의 핵심이다.

3

〈관세음보살 화신불 운동〉에 참여한 도반들이 모여 사는 마을에는 연꽃이 피어있는 연못이 있다. 중앙에 센터가 있고 센터 주위로 옹기종기 집들이 모여있다.

센터는 말 그대로 이 마을 사람들이 모일 수 있는 중심이 되는 집이다. 가운데에는 차를 마시며 이야기를 나눌 수 있는 넓은 홀이 있다. 도반들이 모여 서로 마음자리를 점검하기도 하고, 할 일을 의논하기도 한다. 외부 사람들이 오면 외부 사람들과도 편안하게 차담을 나눈다. 그러면서 자비의 마음과 미움의 마음을 이해시킨다. 미움의 마음은 자비의 마음자리를 빼앗기 때문에 미움의 마음을 가지고 있으면 행복도, 평화도, 자유도 누릴 수 없음을 알게 해준다.

그대가 진정으로 행복해지고 싶다면,

그대가 진정으로 평화로워지고 싶다면,

그대가 진정으로 자유로워지고 싶다면,

어떤 것이 문제이며, 어떻게 해야 하는지 답을 찾아가게 한다. 그래서 용호리 불자마을을 찾는 사람들은 스스로 관세음보살 화신불이 되어 스스로도 행복해지고 사람들도 행복하게 살아가게 도와준다.

4

삶의 현장은 늘 치열하다. 물질을 소유하지 않으면 살아갈 수가 없다. 용호리 불자마을에서도 생계를 유지하기 위해 노력한다. 그 방법은 상생을 통해서다. 남의 생명을 도움으로써 내 생명도 유지시켜 가는 방법, 이 생각을 바탕으로 다양하게 방법을 모색해 본다.

용호리 불자마을에는 전문가들이 모여 산다. 불교문학을 하는 작가들, 만다라를 그리는 화가, 심리치유를 하는 상담사, 천문학자, 불교학을 중심으로 인문학을 강의할 수 있는 학자들, 양초를 만드는 공예가, 도예가 등 도반들의 전문지식을 최대한 활용해서 그 전문지식이 상생의 재원이 되게 한다. 그래서 용호리 불자마을을 다녀가면 스스로 상생의 에너지를 얻을 수 있도록 도와준다.

물론 이런 전문가들만이 용호리 불자마을에 모여 사는 것은 아니다. 모든 사람들은 다 어느 한 분야에 전문지식을 가지고 있다. 그 전문지식을 상생의 재원으로 쓰게 하면서 살자는 것이 취지의 원래 목적이다.

용호리 불자마을에는 10,000여 권 이상의 양서들이 정리된 도서관이 있다. 편안하게 차를 마시면서 책을 읽을 수 있는 행복한 공간이다. 한 달에 한 번씩 주제를 정해놓고 관심 있는 사람들이 모여 질문하고 답하고 토론하며 자신의 생각을 발표한다. 참석자 모두가 평등한 자리에서 주인공이 되는 지식의 향연장, 화엄 만다라가 펼쳐진다. 그 중에서도 핵심은 붓다의 전생담《자타카》와 인류의 영혼이 녹아있는 불교 설화를 대화의 중심에 올리는 일이다. 불교문학을 하는 소설가나 동화작가가 중심이 돼서《자타카》와 불교 설화를 중심으로 대화를 엮어간다. 그러면서 그 속에 담긴 뜻을 이해하고 서로 나눈다.

용호리 불자마을에서 할 수 있는 일이 어찌 이것만이겠는가? 마음을 모으고 지혜를 모으면 가지와 꽃은 계속 피어날 것이다.

5

현상세계는 마음이 모아진 향연장이다. 그 안에 역사가 중첩된 중중무진의 연기 작용이 내포돼있다. 역사로 이름 지어진 중중무진의 연기 작용 역시 인간의 마음이 만들어 낸 파노라마임은 말할 필요가 없다. 내 마음 안에 미움의 격랑이 자리하지 못하게 다스리고, 편안해진 마음으로 주위 사람들을 있는 그대로 바라보고, 그러는 속에서 돕고 싶은 사람을 보면 외면하지 않고 도우려고 애쓰면서 사는 삶, 이것이 〈관세음보살 화신불 운동〉에 참여한 도반들이 실천하며 살고자 하는 일상의 생활이다.

"고맙다. 너희들이 있어 나도 행복하다." 관세음보살이 우리들에게 하셨던 그 말을 "고맙습니다. 당신들이 있어 우리 모두가 행복합니다"라고 주변 사람들로부터 들을 수 있다면 금생에서 〈관세음보살 화신불 운동〉에 참여한 우리 모두의 생은 성공한 것이 아닐까!

그 성공 역시 마음을 내고 실천해갈 때 얻어지게 됨은 자명한 일이다. 우리 안에는 스님들과 불자들, 용호리 주민들, 뜻을 함께하는 모든 도반들이 포함돼 있다. 그리고 지금 이 글을 읽으면서 같은 마음을 내고 있는 당신도 역시.